이혼 지침서

이혼 지침서

한재원 지음 | **김익환** 법률감수

이더레인
Iedereen

프롤로그

차가워진 날씨만큼이나 마음이 차가울 이혼의 위기에 놓인 여성들을 위해 이 책을 쓰기로 했다. '광막한 광야에 달리는 인생아, 너의 가는 곳 그 어데이냐, 쓸쓸한 세상 험악한 고해에 나는 무엇을 찾으려 하느냐' 라는 "사의 찬미"의 첫 구절이 와 닿는 마음으로 방황하고 있을 분들이 제대로 된 판단을 내리는 데 도움이 되길 간절히 바라며 이 글을 시작한다.

나는 막상 이혼의 위기에 놓이고 나니, 여러모로 정신이 없었다. 우선 내가 과연 혼자 살아갈 수 있을지에 대한 자신이 없었고, 그냥 다 억울했다. 내 두 아이가 눈앞에서 한시도 안 떠나고 아른거렸다.

그런데도 이혼을 해야겠다 생각하면, '정신이 사납다'는 표현처럼 모든 것이 혼란스럽고 화가 나서 도무지 무엇부터 준비해야 할 지 몰랐다. 한참을 지나 돌아보니 이혼의 결정보다 더 중요한 것은 내 자신의 안정, 그리고 내 아이들의 교육과 정서, 건강이라는 것을 알게 되었다.

나는 이혼을 결정하라고 부추기려고 이 책을 쓰는 것이 아니다. 나는 분명 힘들고 어려운 시간을 겪으면서도 내가 살아온 24년간의 세월을 부정하는 이들의 이혼하라는 말에 화가 났다. 나는 이혼을 할까

말까를 묻고 싶지 않았고, 이혼을 하라 마라 이야기를 듣고 싶지 않았다. 우선 먹고 살 것을 어찌할까가 두려웠고, 내 아이들의 교육에 어떤 피해가 갈까 두려웠고, 내 아이들이 불안하고 슬플 것에 가슴 아팠다. 정신적 독립이 이루어지지 못한 내 감정을 추스르기도 겨워 어떤 것을 해야 할지 몰랐다.

그리니 이 책은 이혼을 하라는 조언도, 이혼을 하지 말라는 조언도 아니다. 그냥 어떤 결정을 내릴지는 본인의 몫이며, 본인의 결정에 보탬이 되어 앞으로 펼쳐진 시간을 헛되이, 그리고 불행히 보내지 말라는 작은 울림일 뿐이다.

이 짧고 간결한 책이 작은 지침이 되어 빠르게 결론 내리고 행동할 수 있기를 바란다. 그렇게 나쁜 상황에서 빠르게 벗어날 수 있거나, 나쁘다고 생각되는 상황이 그다지 나쁜 것이 아니라 견딜만한 시간이 되어 남겨진 삶에 행복을 찾아가길 바랄 뿐이다.

왜냐하면 세상 무엇보다 빛나는 "유일한 나"라는 가치를 잃어서는 안 되기 때문이다.

Contents

Chapter 2 이혼은 하기 싫은 나

Chapter 3

그리고 나의 아이들

Chapter 1

이혼이 하고 싶은 나

01

이혼 할까? 말까?

해외 신혼여행이 붐을 이룰 시기에 나는 결혼했다. 장애인 부모를 둔 가난한 남편의 형편과 가난한 나의 부모님의 상황 때문에 당연히 해외여행을 고집할 상황이 아니었다. 그리고 이른 나이에 결혼한 탓에 축의금도 적었다. 이런 것은 아무런 문제도 되지 않았다. 당시 내게 중요했던 것은 그와 함께 할 수 있다는 사실 하나뿐이었다. 아무런 불평불만 없이 제주도로 3박4일 신혼여행을 다녀왔다.

제주도 여행은 단체 여행이었다. 스무 쌍의 신혼부부들이 제주도 곳곳을 함께 다니며 사진도 찍고 게임도 하며 지냈다. 그런 게임 중의 하나가 신랑이 신부를 안고 꽤나 긴 길을 걷는 것이었다. 그다지 가볍지 않았던 신부들이 적지 않았던 부부들 중에서 가벼이 번쩍 신부를 안고 그 긴 길을 걸어간 사람은 내 남편이 유일했다. 어쩌면 그 신랑들 가운데 제일 가난했을 내 남편이었지만 그 게임에서는 최고였다. 나는 그가 자랑스러웠고 그를 향한 내 사랑은 너무나 컸다.

우리는 호텔에서 잤지만 호텔 안에서 무료였던 생수(그 생수 먹을 때 우리는 인포에 전화해서 그 생수가 공짜인지 물어보고 마셨다) 말고는 아무것도 꺼내먹지 않아서 체크아웃을 할 때 H호텔 매니저가 직원에게 두 번이나 더 확인을 했다. 정말 우리가 땅콩 한 줌 먹지 않은 것이 진짜인지 아닌지를 두 번이나 확인한 것이다.

그렇게 우리는 가난했지만 행복했다. 물론 누군가 보았다면 초라해서 가여운 마음을 아끼지 않았을지도 모른다. 하지만 나는 그때도, 그때를 떠올리는 지금도 그 시간으로 인해 행복하다. 그가 나를 정말 사랑하는 것을 알았고 사랑받는 내 모습이 아름답다고 느꼈다. 그와의 섹스가 즐거운지도 중요한지도 몰랐다. 그냥 그와 먹는 쫄면에서 그가 내 계란을 뺏어먹어도 별로 아깝지 않았다. 물론 그게 아까워지기 시작하기까지 그리 긴 시간이 걸리진 않았다.

그 계란이 아까워지기 시작한 것은 첫 아이 임신 때부터로 기억된다. 내 쫄면 안에 있는 계란을 그가 여느 때처럼 집어 가던 순간에, 나는 젓가락 한 쌍을 써서 내 그릇 밖으로 나가지 못하도록 그 계란을 찍어버렸다. 그리고 낮게 말했다.

"그만 하지!"

그가 깜짝 놀란 얼굴로 나를 바라보며 말했다.

"자기, 계란 안 먹지 않아?"

"물론 안 먹었지."

"근데 왜 그래, 갑자기?"

"이제부턴 아기를 위해서라도 먹어야겠어."

그 뒤로는 오랜 시간 계란을 빼기지 않게 되었고, 그때처럼 사랑하고 살진 않는다.

어쨌건 이혼 얘기 앞에 행복한 나의 신혼이야기를 한 이유는, 그것이 내게도 지나간 이야기일 뿐이라는 것이다. 그래서 행복하지 않으니까 이혼하자는 이야기가 아니다. 우리가 이혼을 하지 않는 것은 이 행복한 시간이 지나고도 그 시절 그 시간을 추억하고, 그때의 마음과 같지 않음을 알지만 그때의 마음을 담고 살아갈 또 다른 이유가 생겼기 때문이 아닌가? 그리고 그때의 설렘보다 중요하게 우리가 함께 지켜야 할 것이 많아졌기 때문에 이혼이 쉽지 않다.

그런데도 우리 아내들이 가끔 이혼을 생각하는 이유는 너무나 많다. 시댁이 싫어서, 남편이 매일 술을 많이 먹어서, 남편이 돈 안 벌어 와서, 남편이 잠자리에서 나를 만족시켜주지 않아서, 또는 남편이 돈을 너무 많이 써서, 돈이 있는데도 너무나 안 줘서, 남편이 내 마음을 몰라줘서, 그리고 너무나 큰 이유들 중에서는 남편이 바람을 피워서 또는 내가 바람이 나서 등등... 더 심각한 이유들로는 남편이 도박을 해서, 그리고 가장 크게 헤어져야 하는 이유로 남편이 때려서, 또는 남편이 바람피우면서 때려서, 또는 도박하면서 때려서, 또는 남편이 도박하면서 때리고 바람 피워서, 또...또...또... 내가 '또...또...또...'를 쓴 이유는 더블로 꼴값하는 경우도 많다는 이야기다. 하여튼 최악의 경우들이 너무나 많이 있고 그 수많은 최악의 경우에도 우리는 이혼을 못하는 경우가 더 많다.

그래서 이혼을 못하지 말고 이혼을 하라는 이야기가 아니다. 내가 이혼 순간 가장 중요시 여기는 것은 이혼을 생각하고 결정할 때 화나서, 벌주기 위해서 또는 너무 미워서는 이혼하지 말았으면 하는 것이다. 물론 너무 미워서 에탄올 소주를 타 먹일 만큼 싫을 때는 이혼을 하자. 그도 누군가의 귀한 아들이니 죽이지는 말자.

참 우습지만, 내가 남편과 그때 당장 이혼하지 않았던 것은 남편과의 문제에서 내가 아직 남편에게 화가 나있었기 때문이다. 나는 남편에게 화가 풀리면 이혼을 하려 마음먹고 있었다.

나는 고등학교 1학년 때 읽었던 탈무드 속의 유태인의 조언을 지금도 새기고 있고, 그 말의 현명함을 인정한다.

'결혼은 걸어서 하고 이혼은 뛰어서 하라!'

굳이 설명하자면 결혼은 실패하지 않는 것이 좋으니 좀 더 신중해야 한다는 것이다. 그리고 이혼의 경우 결혼생활이 행복하지 않고 불행하다고 여긴다면 어서 빠르게 핸들을 틀어야 더 망가지지 않을 수 있기 때문이며 새롭게 다른 삶을 살 기회를 하루라도 빠르게 잡아야 한다는 뜻이라고 나는 해석했다.

이 글을 뼈저리게 새겨들었고 이 글의 현명함을 믿는데도 내가 빠르게 행동하지 않았던 것은 처음에는 자식이 걸린다고 핑계 삼았고, 두 번째는 남편과의 지난 시간이 아까워서, 또는 남편이 돈 벌어오니까, 또는 내 삶이 흔들리는 것이 너무나 두려워서였다. 그 당시 화가 난 상태에서 홧김에 이혼을 하게 되면 이혼은 내 선택이라기보다 그의 선택으로 결정되는 것에 가까웠기 때문이다. 내가 떠나야 마땅한 그에게(이것은 그냥 내 입장이며 그의 입장에서는 자신보다 내가 잘못한 것이라고 생각할 수 있다. 입장 차이인 것이다.) 내가 버림받는 것이기 때문이었다. 오랜 시간 후에 내가 후회할 수도 있다는 것을 간과해서는 안 된다는 생각이 강했었다.

이혼 결정을 내릴 때 가장 중요한 것은 누가 버리고, 버림받는 것이 아닌, 모두에게 좋은 선택이 되어야 한다는 점이었다. '모두'라는 것은 나의 두 아이, 그리고 나와 내 남편이며, 그 모두에게 좋은 선택이 되는 것을 생각해야 했다. "이혼이 어떻게 모두에게 좋은 선택이 되게 할 수 있지? 그게 말이 돼?"라고 말하고 싶은 분들이 있으리라 짐작된다. 그래서 나는 그 선택에 따른 행동이 무엇인지 이제 이 책에서 하나하나 풀어갈 예정이다.

유부녀들의 고민 상담 사이트를 본 적이 있다. 남편의 '바람'으로 상처 받은 여성이 사연과 남편의 손 편지를 올려놓았다. 그 내용의 핵심은 이러했다.

남편과 밥을 먹다 끌어안고 울었고, 남편이 울면서 손 편지 4장을 꺼내 놓더라는 것이다. '본인의 바람은 실수였고, 당신은 너무 아름답고 사랑스럽고, 당신과 함께하고 싶고, 나는 당신 밖에 없으니 용서해 달라'는 구구절절 아름답기 그지없는 글이었다. 그러니까 간절히 너무나 간절히 용서를 구하는 아름다운 연애편지였다. 그 편지를 자랑한 그녀의 마지막 글은 '너무나 가슴이 아프고 그가 날 사랑하는 것을 알지만, 나도 그를 사랑하지만 그가 헤어지기 싫어하기 때문에 벌주기 위해 이혼할 것'이란 결론이었다.

나는 그 글을 보면서 그 고민 웹사이트에 올라온 모든 여성들 중 그녀가 가장 행복한 것처럼 보였다. (그녀의 가슴 아픔을 알고 이해하지만, 용서도 빌지 않는 개자식들이 너무 많아서 그냥 그녀를 많이들 부러워할 것을 알기에 하는 이야기다. 그녀는 정말 아픈듯했고 안쓰러웠다.) 나는 그녀가 이혼하지 않을 것이라고 확신했다. 아니 이혼을 하지 않기를 바랐다.

그녀가 이혼을 안 할 것이라고 확신한 이유는, 그녀가 그 글을 올림으로써 자존심을 회복하려고 한다는 것이 보였기 때문이다. 그녀는 댓글들로 위로받길 원하는 것뿐이란 것을 알아서다. 자존심이 회복되고 지지받음으로써 남편을 용서하는 방법을 찾고 있는 것으로 보였다.

그 글을 읽으며 나는 진심으로 그녀가 그 방법으로 이혼을 안 했으면 좋겠다고 생각했다. 할 수만 있다면 그녀에게 전화해주고 싶었다. 남편에게 전 재산 포기각서를 받고 용서해주고 더 사랑받으며 살아가면 좋겠다고 생각했다. 그냥은 안 된다. 전 재산 포기각서쯤은 받아야 용서되는 일 아닌가? 물론 결혼생활 중의 각서는 심리적 부분에서의 안정감을 위한 것일 뿐 크게 법률적 영향력이 없다. 15일 후 다시 둘러본 이 웹사이트에서 그녀는 남편을 용서하기로 했다는 것과 남편이 자기를 여전히 사랑한다는 자랑 글을 올렸다. 글의 끄트머리 부분에는 전 재산 포기각서도 받았다고 알렸다.

내가 더 그녀의 이혼을 마음으로 반대한 이유는, 그녀의 상황을 전부 아는 것은 아니지만, 이혼이 그녀의 남편에게 벌이 될지 상이 될지 알 수 없었기 때문이다. 그 남자가 이혼과 동시에 '고자'가 되는 것이 확실하다면 분명한 벌이지만, 당연히 그런 일이 벌어질 확률은 거의 없을 것이다.

그런데 생각해보자. 그 남편은 여자가 있는데도 '원 플러스 원'으로 연애한 놈이 아닌가! 그럼 이혼한 후에 다른 여자는 새로이 못 만날까? 진실한 사랑이 인생의 한 번뿐인가? 그녀말고는 더 아름답고 사랑스런 여자를 못 만날까? 확신하는 것인가? 만약 그 남편이, 그 놈이 이혼 후에 다른 여자와 진정한 사랑에 빠지고 아름다운 삶을 산다면 그것은 벌이 아니라 '상'이 되지 않겠는가!

인생길에서 불쑥 튀어나오는 고통이나 시련은 물론 힘들다. 하지만 그것이 벌이 될지 상이 될지 아무도 모른다. 어르신들이 입버릇처럼 하는 말 '인생 길게 살고 볼일이야'처럼, 이혼 당한 남편이 나중에 더 아름답고 사랑스러운 여자를 만난다면 벌주기 위해 한 이혼은 그에게는 꽃길이요, 그를 아직 사랑하는 그녀에게는 그야말로 형벌이 아닐 수 없다.

정말 그에게 벌을 주고 싶다면 내 감정의 정리가 먼저다. 어느 드라마 속 대사!

"야! 이혼은 아무나 하는 줄 알아?"

"그놈 죽었다고 하면 장례식장 가서 육개장에 밥 꾹꾹 말아서 맛있게 먹고 올 정도 맘이 돼야 하는 거야. 이 미친년아."

이혼은 그 남자가 죽으면 오만 원쯤(너무 많은가?) 부의금 내고, 그 부의금 값으로 육개장 먹고 올 정도의 마음으로 해야 한다. 그런데 그 남자를 끌어안고 울면서, 안쓰러우면서 무슨 벌을 주려고 이혼을 한다는 것인지 도무지 1%도 이해가 안 간다. 그러다 이혼하고 그 남자 재혼한다고 하면 벌 받는 기분은 본인이 들 텐데? 먼저 연애할 자신감이라도 갖고 차버리든가 해야 한다. 그렇지 않다면 벌이 아니며 그런 식의 이혼은 결코 해서는 안 된다.

이혼하고 싶다면 먼저 그 인간에게 무감각해지는 것이 첫 번째요, 두 번째는 조금이라도 재산을 더 받을 수 있는지 고민하라. '그까짓 돈 중요해?' 하지 말고 재벌 부모 없으면 새끼들하고 먹고 살 길부터 찾아두자.

당장 이혼할 것 아니더라도 같이 사는 그 자식 더 믿을 수 없다고 판단되면 일부터 시작하자. 모든 일이 더 쉬워진다. 백 프로 없는 것이 세상 이치지만 이것은 백 프로다. 먹고 살길 없어서 이혼을 못하는 상황이 저 사람 나 안 좋아하고 나만 좋아해서 사는 것보다 더 치사하고 힘들다. 사랑을 받으면 행복할 것 같지만 진정한 행복은 사랑을 진정으로 줄 수 있을 때, 주고도 아깝지 않을 때, 그리고 돌려받고 싶지 않을 만큼 사랑할 때 찾아온다.

이혼, 하고 싶은가? 진정인가? 준비할 마음이 되었는가? 그렇다면 일을 시작하고 만약 일을 하고 있는데도 망설인다면 먼저 내가 그에게 진정 무감각한지 고민하고 느껴보아야 한다. 단 한 가지, 때리는 남편이라면 망설이지 마라. 맞는 순간부터, 단 한 대의 구타부터 철저히 대비하라. 그래서 반복된다면 미련 없이 차 버려라. 내 아이의 마음속에 엄마는 불쌍하고 아빠는 내 엄마를 때리는, 그러나 함께 가야하는 피붙이로 살아가게 해서 내 아이가 아빠를 죽이는 상상 속에서 자라게 하지 마라.

이혼을 진정 원한다면 마음뿐만 아니라 환경도 준비해야 한다. 이혼을 결정하기까지 신중히 하고 결정 후에 행동은 빠르게 하라. 결정도 행동도 빠르게 할 필요는 없다. '화' 때문에 이혼하지 말고, 마음의 소리를 들어보고 그 소리가 확실해지는 순간 결정하고, 결정하면 빠르게 행동하길 권하고 싶다. 그리고 그것이 모두에게 좋은 선택이 되도록 행동하길 바란다. '모두에게'라는 말을 하는 이유는 이혼 후 남편이 안 좋게 되길 바라지는 말라는 뜻이다. '그가 어찌 살든 관계없는' 상태는 괜찮다. 하지만 그가 잘되는 것이 아이들에게 더 나은 길이다. 나와 상관이 없더라고 아이들에게는 천륜이니 우리가 끊을 수 없고, 그러면 그가 잘되는 것이 결코 나쁘지 않다. 내가 그 못지않게 잘살면 그뿐이고 내 선택에 후회하지 않을 마음의 준비가 되었는데, 이왕이면 다홍치마라고 다 같이 잘 사는 쪽이 좋다.

본인의 선택으로 남편이 나쁜 놈이 되어 이혼을 했는데, 그 놈은 잘 살고 나는 더 힘들어질 수 있다는 두려움도 생길 수 있다. 그리고 그런 경우도 봤다. 예전 직장 동료가 남편이 바람을 펴서 도저히 살 자신이 없었다고 한다. 그녀의 남편은 이혼을 하고 싶지 않다고 매달렸지만 그녀는 우기고 우겨서 이혼을 했다. 그 후, 전 남편 집안에서 땅을 팔아서 전 남편에게 대형 약국을 차려주었고 마침 의약 분업이 일어나서 그는 돈 방석에 앉아 산다고 했다. 그녀는 이혼을 후회했지만 자신의 선택에 책임지기 위해 열심히 살아갔다. 그녀는 전 남편이 젊은 여자와 재혼을 해서 잘 산다며 아쉬울 때도 있다는 말을 종종했다. 그래도 그녀는 자신을 위해 일을 포기하지 않았고 하나뿐인 딸도 본인이 양육해가며 행복하게 살고 있다. 이렇게 후회할 순간이 올 수도 있지만, 그리고 돈에 힘겨울 순간이 올 수도 있지만 아무도 알 수 없는 운에 맡겨서 있을 수도 있고 없을 수도 있는 시간을 두려워해서 지금을 포기할 수 없다는 결론을 내렸다면 그 결론을 선택하고 책임질 수 있어야 한다.

선택은 했지만 그 선택을 책임질 자신이 없다면 남편에 대해 유심히 생각하고 감정을 가다듬어보라. 결혼 생활을 유지하고 싶다면 유지할 이유를 찾는 것이 사람의 심리이다. 마찬가지로 이혼을 하려고 마음먹고 나면 이혼할 이유들을 찾게 되는 것이다.

어떤 결론을 향해 달려가지 말고, 남편이 전 남편이 되어서 죽었다는 소리가 들리면 조의금 들고 육개장 맛있게 먹을 수 있는지부터 아주 리얼하게 그려보길 권한다. 드라마 대사에 지나지 않지만 내 감정을 돌아볼 수 있는 중요한 상상이다. 내가 남편에게 무감각한지 아닌지를 뚜렷이 알 수 있지 않을까?

02 이혼, 독립선언 1

경제적 독립

자, 이혼을 할 지 안 할 지 결정에 앞서, 이 글을 읽기 시작과 동시에 일을 하기로 마음 먹은 분들께 묻고 싶은 것이 있다.

'여러분은 근사한 일을 하고 싶으신 건가요?'

여러분의 답이 예스가 됐든 노가 됐든 일을 하려고 한다면, 그냥 눈에 띄는 일을 하면 된다. 그러면 늦게는 10년쯤 후, 빠르면 3년에서 4년쯤 후 그 일은 여러분에게 '근사한 일'이 되어 돌아올 것이다.

주변에서 쉽게 일을 시작하지 못하는 사람들의 모습에서 찾은 공통점이 있다. 그들은 한결같이 '근사한 일'을 하고 싶어 한다는 사실이다. 한때는 '근사한 일'을 했던 사람들일수록 더 근사한 일을 찾고 있었다.

"지금 내가 나가봐야 뭘 하겠어? 마트 계산원 밖에 더 하겠어?"

오해는 마시라. 마트 계산하는 일이 어떻다는 것이 아니라 이렇게 말하는 사람들도 있다.

"돈이라도 있어서 커피 전문점이라도 차리면 참 좋을 텐데."

이렇게 말하는 이들도 많다. 그럴 때마다 나는 이렇게 대답한다.

"근사하게 커피 전문점을 차린다고 해도 근사해지지 않을 거야!"

그들을 비난하고 싶어서가 아니라, 모든 일은 겉에서 보는 것보다 근사하지 않기 때문이다. 가장 확실한 예를 나 자신의 경우에서 찾을 수 있다.

나는 지금 '컴퍼니 교육 컨설팅 회사'를 운영하고 있다. 한마디로 멋지게 이야기하자면 사업가다. 너무 멋지지 않은가? 여자로서의 일, '교육 사업', 정말 누가 들어도 멋진 일인 것 같지 않은가? (이 일을 하는 다른 분들은 나의 경우와 다를 수 있다. 그러니 나처럼 여성이면서 교육 사업을 하는 분들에 대한 폄하는 아니라는 점을 미리 말씀드린다.)

실상은 이렇다.

첫째, 모든 사업의 대표는 영업을 기본으로 한다. 그러니까 여러분들이 그토록 하기 싫어하는 영업사원의 일이 기본이고, 일을 수주하기 위해서는 90도로 인사하고 사과하기를 반복해야 한다. 모든 영업을 하는 사람들이 겪는 고된 정신적 노동의 열 배쯤은 더 한다고 봐도 좋다.

둘째, 돈도 그다지 많이 벌지 못한다. 이것은 정말 중요한 포인트이다. 회사를 다니다 아니면 때려치울 수라도 있지만 회사를 운영하다 보면 때려치우는 것도 너무나 힘들다. 그 이유는 그것에 따른 책임이 크기 때문이다. 그래서 돈을 버는 듯 보이지만 많이 못 버는 이들이 태반이고, 나 또한 마찬가지이다.

"교육 사업은 돈이 안 되지 않나요?"

인사를 나누고 조금 친해지고 나면 많은 분들이 이렇게 걱정을 해 주신다.

"뭐 생각보다는 괜찮습니다."

이렇게 자존심을 세우지만, 그들의 말하는 돈의 단위와 나의 '괜찮은' 돈의 단위가 다를 것이라고 위안도 해보지만 크게 돈이 되지 않는 것은 맞다.

셋째, 사업을 하면 정말 억울한 일이 있어도 크게 소리 낼 수 없다. 늘 '을'의 입장일 수밖에 없는 교육 컨설팅 및 영세업자들의 공통된 힘겨움이라 생각한다. 큰 소리로 따지면서 내가 옳고 고객인 당신이 틀렸다고 알려주는 순간 우리가 맞게 되는 차가운 현실은 딱 하나, 고객을 잃는다. 그러니 어찌 이 일이 근사한 일이 될 수 있겠는가? 그래서 그토록 근사하게 시작할 수 있는 일도, 유지할 수 있는 일도 없다고 말하고 싶다.

만약 커피 전문점을 멋지게 차리면 여사장이 되어 아름다운 옷을 입고 우아하게 커피를 내릴 수 있다. 하지만 그 안에 들어가서 일하다 보면 아르바이트생이 펑크 낼 때마다 사장님 본인이 때우거나, 급히 알바를 더 비싸게 써야 하고, 그것도 아니면 일을 도와달라고 여기저기 아쉬운 소리를 해야 한다. 일을 하며 벌고 벌어도 조금은 흑자가 난다고 해도 투자대비 크지 않은 수익에 화가 날 수도 있다. 그러니 멋지게 시작할 수 있는 일은 거의 없다. 아니 일단 시작하면 멋져지지 않는 일이 태반이다.

중학교 또는 고등학교에 다니면서 자신의 학교가 백 프로 마음에 드는 학생이 없었던 것과 같다. 그 안에 들어서면 그 안의 단점들과 부딪치게 되는 학교생활과 크게 다르지 않다고 생각하면 된다.

그럼에도 불구하고 가끔 멋지게 여겨지거나 꽤 긴 시간 멋지게 일을 유지하면서 성취감에 행복할 수는 있다. 아까 초반에 이야기를 꺼낸 '기껏해야 마트 계산원밖에 더 하겠어?'라는 부분을 다시 생각해보면, 마트 계산원이 '기껏해야'에 들지 않는다는 것이다. 우리는 마트 계산원을 근사하게 여기지 않는다는 것을 안다. 하지만 내 생각은 조금 다르다. 그 계산원 일도 근사하게 하는 사람이 있고, 근사하지 않게 하는 사람이 있다. 우리는 가끔 정말 밝게 웃으며 맞이하는 마트 계산원을 본다. 그들은 가끔 또 다른 날 보게 되어도 웃고 있다. 혹여 그들은(항상 웃고 있는 계산원들) 그날이 첫 날이면서, 일을 시작한지 몇 분이 채

지나지 않았을 수도 있고, 일한지 한 달도 되지 않아서 멋모르게 웃는 것일 수도 있다. 그런데 내가 경험한 바로는 그런 사람들은 한 2년 후쯤에는 조금 높은 직급에 올라가 있었고, 누구나 기껏해야 할 수 있는 '잡'을 '멋진 일'로 유지하고 있었다.

예전부터 하던 일을 계속하고 있다고 해도, 그러니까 '경단녀'가 되지 않았다고 해도 '멋져' 있을지 아닐지는 모른다. 그 일이 지긋지긋해서 토할 지경이 되어있을 수도 있고, 부도난 회사에 있던 사람이라 다른 회사에서 원하지 않아서 지금 다시 일자리를 구하기 어려울 수도 있다. 근사한 일을 하고 싶다면 지금 당장 내가 할 수 있는 일을 찾아라. 그리고 당장 가능한 일이 아니라도 전문적인 일을 준비하고 찾을 수 있는 시간과 돈이 있다면 그 길을 찾아서 움직여라. 아이디어가 좋은 사람보다 실행력이 높은 사람이 요직에 있을 확률이 높고 성공할 확률이 높은 것은 생각한 즉시 움직이고 그것을 결과로 가져오기 때문이다. 실행을 빠르게 하면 실패를 한다고 해도 다시 일어설 시간을 더 벌 수 있다. 그러니 근사한 일을 하고 싶다면 우선 할 수 있는 일에 뛰어들어서 근사하게 유지하거나, 근사하게 가끔씩이라도 느끼며 일을 하거나, 그 근사한 일을 위한 공부를 시작하는 것이 중요하다.

단, 하나 잊지 말아야 할 것은 근사한 일도 그 안에 뛰어들면 그다지 근사하지만은 않고, 그것을 근사하게 만드는 것은 본인에게 달려있다는 것이다. 마트 계산원은 근사하지 않고 변호사는 근사하다고 느끼지 말라는 것이다. 그 둘을 가르는 것은 수입의 차이일 뿐이고, 그 둘 중 누가 더 멋지다고 말할 수는 없다.

내가 아는 어느 이혼 전문 여성변호사는 아침에 눈 뜨기 싫을 때가 하루 이틀이 아니라고 했다. 처음 사건을 수임했을 때는 "앗싸!" 하고 외치고 일이 자꾸자꾸 들어오는 것이 기뻤지만, 지금은 아침에 일어나면 그 불평불만과 의심, 그리고 승소에 대한 다짐을 요구하는 고객들의 전화가 무섭다고 했다.

이렇게 말한다고, '나더러 마트 계산원 할래? 변호사 할래?'라고 물음 뭐라고 대답할 것이냐고 따지지 않았으면 좋겠다. 나는 공부를 못했고 사법시험에 결코 합격하지 못했으리라. 그러니 누가 날 그냥 변호사 시켜주지도 않을 것이고, 내 노력 없이 변호사가 될 수 없는데, 단지 "변호사 할래!"라고 대답하지 않을 것이다. 유지도 못할 변호사업을 뭐 하러 시작하겠는가? 공짜는 없는 것이 세상의 이치이다. 나는 당장 할 수 있는 마트 계산원을 시작하고 변호사가 되고 싶다면 틈을 내서 공부하는 쪽을 선택하겠다.

내가 교육 사업을 시작한 것만 봐도 멋지게 시작하지 않았다. 처음 나의 시작은 월세 12만 원짜리의 사무실에서 7명과 사무실을 함께 썼다. 엉망진창인 그 당시 사무실을 생각하면 지금도 정신이 없다. 나는 거기서 정말 힘든 상황도 많이 겪었고, 고마운 사람도 많이 만났다. 또 그 안에서도, 그 힘든 사람들 틈 속에서도 그 사람들에게 사기 치려는 사람도 봤고, 일을 뺏어가는 사람도 보았다. 그래도 그 힘든 상황에서 끝없이 공부하는 사람도 있었고, 서로 도우려는 사람도 있었다. 쉽게 말하자면, 7명의 사무실에서도 하나의 사회가 담겨 있었다. 나는 친절을 단순한 친절로 받아들여 곤란하기도 했고, 몸이 아파서 엎드려 영업 전화를 하며 버티기도 했다. 가끔은 극도로 우울하기까지 해서 그 먼 공용사무실까지의 출근이 얼마나 힘들고 어려웠는지 모른다.

그런데 내가 가진 생각은 하나였다-이 우울함에서 벗어나고 나도 좀 근사한 사람이 되고 싶다는 것. 그래서 그 순간의 하루하루, 그 고난의 하루들이, 그리고 월세 12만 원이면 일할 수 있는 공간이 너무나 감사했다. 사람들은 내가 사무실을 냈다고 하니 사무실 개업식을 왜 안 하냐고 묻는 사람들도 있어서, 속으로 '아, 그런 것도 하는 거구나. 전혀 몰랐네.' 하는 정도로 지나갔다. 그런데 책상 달랑 하나 놓고 일하면서 어디로 사람들을 불러야 하는 것인지 도저히 견적이 안 나왔고, 솔직히 내가 그 질문을 받는 순간 초라해지곤 했었다.

어느 날 다른 교육 컨설팅 사무실의 오픈식에 가보고는 입이 쩍 벌어지기도 했는데, 그 인테리어며 손님들의 북적임, 간단하지만 화려하고 아름답기까지 한 음식들이 너무나 부러웠다. 그 순간 내 마음속의 초라함이란 겪어보지 않은 이들은 가히 상상하기 어려울 것이다. 나는 그곳 화장실도 부러웠고, 그들이 만드는 프로그램도 내가 가진 것보다 대단한 것 같았다. 그 오픈식은 내가 얼마나 근사하지 않은 존재인가를 확인하는 자리였다.

그런데도 나는 계속해서 사업을 유지해 왔고, 흑자로 유지하고 있다. 나를 믿는 고객들도 늘어나고, 마음을 나누는 고객들도 늘어났다. 그들은 나를 믿는다. 그래서 나는 정말 멋진 인테리어가 된 큰 빌딩은 갖고 있지 않고 성공이라고 하기에는 터무니없지만 내가 일하고 있는 것이, 내가 일을 가지고 있다는 것이, 내가 어느 분야에 대해 어느 정도 지식을 가졌다는 것이 가끔 많이 기쁘다. 이제 나는 더 이상 큰 사무실이나 큰 집을 부러워하지 않는다.

나는 멋진 일을 선택하지 않았지만, 지금도 멋진 일을 하고 있는지 확신이 서지 않지만, 앞으로 멋진 일을 해내기 위해서 더 노력할 기반이 있다는 것에 기쁨을 느낀다. 나는 시작했다는 것이 시작하지 않은 것보다 훨씬 나은 선택이라는 것을 지금 뼈저리게 느끼고 스스로 자랑스러워한다. 그래서 나는 '지금 할 수 있는 것부터 시작하는 것이 여러분을 멋지게 만들어 줄 것'이라고 확신한다. 멋진 일을 하고 싶다면 지금 당장 할 수 있는 일을 시작하는 것이 가장 빠른 선택임을 잊지 않길 부탁하고 싶다.

누가 한 이야기인지 기억은 안 나지만 내가 가끔 읊조리는 말이 있다.

"라스베가스에 도착하기 위해 운전을 시작할 때, 라스베가스가 보여서 출발하는 것이 아니다. 라스베가스를 향해 출발할 뿐이다."

우선 눈앞에 보이는 도로에 들어서는 것이 중요하다. 근사한 일을 하고 싶거든 무슨 일이든 일단 한 발 디뎌보라고 꼭 권하고 싶다.

일하기가 망설여진다면 영화 '빅 아이즈'를 보세요

영화 '빅 아이즈'의 내용은 이렇게 시작한다.

마가렛이란 여주인공이 딸을 데리고 집을 나와 이혼을 한 후 첫 직장으로 가구회사에 취직을 하는 장면으로 시작된다. 그런데 그녀는 그림을 전공한 화가였기에 부업으로 그림을 그려 내다 파는 일을 시작한다. 그녀의 그림은 큰 눈을 가진 아이만을 그리는 화풍으로 매우 흥미로웠다. 그림만을 그려서는 먹고 살기 힘들었던 그녀는 가구회사를 본업으로 하고, 주말이면 공원에서 아이들의 초상화를 그려주는 일을 부업으로 삼아 돈을 번다. 초상화 가격은 한 아이 당 1달러.

그녀의 옆자리에서 그림을 팔던 월터는 그녀에게 호감을 표시하고, 둘은 사랑에 빠진다. 둘은 결혼을 했고, 우연찮은 상황 속에서 그녀의 그림을 그의 그림인 척 팔게 된다. 그림의 호감과 완성도보다 월터의 입담에 그림은 굉장한 호응을 얻게 된다. 그리고 그녀의 그림은 그의 그림이 되어 세계적인 명성을 얻는다. 그렇게 그녀는 자신의 자식과도 같은 그림의 화가임을 10년이나 비밀로 하며 월터의 그림자로 살게 된다. 그녀의 딸과 그녀를 거두어주는 것에 대한 보상으로, 그리고 어쩌면 그가 아니면 팔리지 않았을 그림인 것을 인정하고 이를 용인한 것이다.

그녀는 '부부는 하나니까, 우린 하나니까'라는 그의 말을 끊임없이 믿으며 살아간다. 그의 그런 말을 듣고 믿으며, 그의 명성을 높이고 딸에게조차 '큰 눈 아이들'의 그림이 월터의 그림이라고 거짓말을 한다. 하루 종일 작업실에서 기름 냄새 속에 그림을 그리며 10년간 그 골방에 갇혀 생활한다. 그러던 어느 날 명성 높은 평론가에 의해 그림은 혹평을 듣게 되고, 월터는 미친듯이 광분한다. 혹평이 그녀의 탓인 양 화를 내고 폭력을 쓰며, 급기야는 그녀와 딸에게 불붙인 성냥을 하나씩 던지며 학대를 한다. 그녀는 그 상황이 되어서야 잘못되었다는 것을 확신하고 그길로 도망치게 된다. 월터는 그의 이름으로 백 개의 그림을 그리라는 이혼 조건을 거는데, 그녀는 조건대로 그림을 백 개를 그려주고 이혼을 선택한다.

그렇게 백 개의 그림을 그리는 중 그녀는 종교를 접하고, 그 행위가 단순히 그림을 그려주는 것이 아닌 세상을 속이는 거짓말임을 인식한다. 그렇게 그녀는 거짓말에 대항하고 법적으로 싸울 것을 결심하고 실행한다. 수많은 언론사와 방송사는 그 둘의 싸움을 보도하고, 더는 그 그림의 진위를 명확히 하지 않으면 안 되는 상황에 놓이고, 명석한 판사는 법정에서 그림을 그리라는 최종 판결을 내린다. 그렇게 판사의 말대로 그림을 그려야 하는 상황에서 월터는 팔이 아프다며 포기를 하고, 그림을 그린 그녀는 승리한다. 그렇게 그녀는 자신의 그림을 자신의 그림이라고 이야기하고 큰 눈 아이들을 계속해서 그릴 수 있게 된다. 자신의 이름으로 당당하게, 그리고 다시 사랑도 하고 결혼도 해서 행복을 되찾는다는 이야기이다.

이 영화는 실화이다. 시대적 배경은 1950년대로 여자로서의 삶이 최악이던 시대이다. 우리나라 70년대쯤 된다고 해야 할까? 과도기적 혼돈 속의 사회, 여성의 위치가 오른 듯 떠들어 대지만 실상은 나서는 여성 자체가 평가절하되는 시기였을 것으로 생각된다.

영화를 보고 있자면, 너무나 뻔한 결론으로 가고 있다. 그녀는 승리할 것이고, 확실한 정의의 실현이다. 그런데 이 뻔한 결론을 보기 위해서라면 돈 내고 영화를 볼 필요가 없을 것이다. '뭐 그냥 잘됐군!' 하면 된다. 실화라니 '더 잘 되었군.' 정도? 그런데도 내가 이 영화를 보라고 하는 이유가 있다. 미친 듯이 그림을 그리며 살면서도 마가렛이 자신을 드러내지 못하고 꿈이 이루어지는 기쁨을 누리지 못하는 모습을 들여다보라는 의미이다.

특별히 인상적인 영화 속 장면이 있다. 자신보다 남편의 말에 순종

하며 현재의 삶을 유지하는 마가렛, 그런 그녀가 대형 마켓에 가서 장을 보는 장면이 나온다. 그녀는 쓸쓸히 카트를 끌며 아찔한 환영을 보게 된다. 그 환영은 이렇다. 그녀가 그리는 그림의 '큰 눈'이 모든 움직이는 사람들의 모습에 그려져 있는 것이었다. 그녀의 그림의 큰 눈은 정말 얼굴의 반을 차지할 정도의 크기이다. 그 그림 속의 눈이 현실의 사람들 얼굴에 박혀있는 환영이다. 그녀는 현실에서조차 그림에 싸여서 환영을 볼 정도로 열심히 사는데도, 모든 영광은 월터가 받고 있는 그 장면은 정말 아프다. 어쩌면 아프다는 표현으로 부족하다. 골방에서 그림만 그리면서도 그 그림이 내 그림이라고 말하지 못하는 주인공을 보면서 주부이자 엄마이자 아내인 우리들의 삶이 오버랩 되어 가슴에 통증이 느껴질 만큼 아팠다. 우리가 바로 저렇게 살고 있는 것이 아닌가 하는 생각이 들었기 때문이다. 그래도 마가렛은 능력이 그녀만의 것이었고 나중에 증명할 수라도 있었다. 왜냐하면 월터는 그림에 이름을 그녀에게 새기게 할 수는 있었지만, 그녀의 재능을 그에게 옮길 수는 없었기 때문이다. 아마도 그가 조금 더 적극적으로 그녀에게 그림을 배우고 그림의 영감과 재능까지 뺏을 수 있었다면 그녀는 더 어둡게 환영 속에서 정말 월터의 주장대로 미친 여자가 되어 금치산자로 갇혔을 것이다. 그리고 영화는 울분을 토해내게 하는 화병 유발 영화로 내게 남았을 것 같다.

우리 주부들은, 아니 엄마와 아내들은 집안의 모든 밑그림을 그리고 색칠한다. 시댁의 일은 내 부모 일이 아닌데도 우리가 가서 해결하곤 한다. 그리고 만약 내 부모 일처럼 생각하지 않으면 유교사상이 투철한 우리나라에서 나쁜 년이 되고 만다. 그리고 그림을 채워나간다. 내가 공부할 돈으로 아이들이 공부할 과외비를 내고, 만약 남편이 공부를 해야 한다면 빚을 내서라도 시킨다. 이자에 이자를 쪼개서 생활비를 줄이고 대출이자를 갚고, 10만 원짜리 티셔츠가 더 예쁜 것을 알지만, 5천 원짜리로도 편안하니 됐다고 생각하고 입는다. 그래야 9만 5천원은 적금이든 연료비든 낼 수 있고, 시댁 급한 돈 융통에 짜증이 나지만 빚지지 않고 드릴 수 있게 된다.

그러니 남편은 밖에서 일을 편안히 할 수 있다. 자신이 벌어오는 적은 돈으로도 생활하는 신비한 아내의 손이 있기 때문이다. 골방에서 열심히 기름 냄새 맡으며 그림을 그리고 있는 그녀와 우리가 무엇이 다른가? 그녀는 증명할 재능에 대한 소유라도 더 깊이 가지게 되지만, 우리는 그나마 증명할 재능을 가족들에게 나누어 주고 있을 뿐, 어쩌면 우리는 마가렛보다 더 암울한지 모른다.

참고 참는 마가렛의 모습, 그래도 남편의 성공에 입 다물어야 하고, 그녀의 작품을 그녀의 것이라고 밝히지 않는 모습을 보고 있으면 나는 무던히도 참고 참았다고 끝없이 불평하면서 살아온 우리 어머니의 모습이 생각났다. 그 생각이 든 순간, 나는 너무나 화가 나서 숨이 막

힐 지경이기까지 했다. 왜 저리도 참을까? 나는 숨이 조여 오는 듯 답답했다. 그리고는 그녀가 진실을 밝히는 것이 그녀의 욕심이나 화가 나서가 아니라, 딸에게 부끄럽지 않기 위해 그리고 진실을 말하는 것이 신에 대한 참회라고 생각하고 말하는 모습에서 그녀가 옳다고 여겼다. 그녀의 오랜 인내가 옳다고 여겨졌다.

그녀는 자신의 이익을 위해서 월터를 망가트리려고 하지 않았다. 화가 나서도 아니었다. 그녀가 생각하는 정의를 실현하는 것으로 목적을 삼은 것이다. 나는 그녀가 그와 살아온 삶과 함께 나누었던 사랑에 대한 의리를 지켰고 옳다고 여긴다. 그녀는 그의 집에서 도망치면서, 가장 먼저 딸에게 "미안해"라고 했다. 그녀의 고생이나 힘겨운 인내와 살아온 삶에 대한 불평이 아니라, 딸에게 사과부터 했다. 엄마가 미안하다고......

우리가 그녀가 참아온 세월처럼 살며 나에 대해 잃어가는 것은 나에게 뿐만 아니라 자식에게 미안한 일이다. 어쩌면 나에게보다 자식에게 더 크게 미안한 일이다. 만약 누군가 '월터는 마가렛 딸의 친부가 아니지 않냐'고 한다면 그것은 정말 큰 오류이다. 만약 친부와 저렇게 살았다면 그녀는 더 일찍 그만뒀을 것이다. 그녀는 월터가 친부가 아닌데도 힘든 상황의 마가렛과 딸을 보살펴 준 것에 대해 정말 감사했다. 그 감사로 그녀는 모든 영광을 그에게 준 것이라고 해도 과언이 아니기 때문이다. 만약 친부였음에도 불구하고 그런 요구를 했다면 그녀는 훨씬 더 빨리 진실에 가까이 가 있었을 것이다.

우리는 평생을 살면서도 사회에서 성공하기보다, 내 꿈을 이루기보다 엄마로서의 삶을 더 중요시 여기지 않으면 나쁜 엄마로 낙인 찍히고 만다. 요즘 제작된 다큐 "엄마의 전쟁1"에서 교대 근무를 하는 간호사 엄마가 대학원 진학을 하는 장면이 있다. 그런데 엄마의 대학원 진학에 대한 가족들의 반응을 보라.

"가족을 위해 희생한 것이 뭐냐?"

"네가 얼마나 더 성공하려고 그러느냐?"

이렇게 타박하고 야단친다. 시댁에서 비난하고, 남편은 아이에게 나쁜 엄마라고 이야기한다. 엄마가 너를 떠나 있으려고 한다고 말한다. 그 말을 듣는 그 작은 아이가 얼마나 상처 받을까 하는 것들은 전혀 고려하지 않는다. 그저 아내를 주저앉히기 위해 '길고 가늘게 가라'고 충고한다.

간호사 엄마는 자신의 그림(일과 공부)을 자신의 그림이라고 말할 자격이 있는데, 그것이 그녀의 삶에 얼마나 기쁜 일인지는 제대로 느끼지 못한다. 알아채지도 못한다. 가족들의 극렬한 반응에 그녀는 그저 '배시시' 곤란한 듯 웃는다. 그녀의 얼굴은 순하고 맑은 눈에 선한 미소로 그리고 미안함이 가득하고 곤란한 표정으로 울 듯, 웃을 듯 어쩌지를 못한다.

만약, 대학원 진학을 그녀의 남편이 하겠다고 했으면 어땠을까? 시댁에서는 남편에게 어떤 이야기를 하고 남편을 어떻게 평가했을까?

"일하면서 공부까지 하겠다니 얼마나 대견해? 얘 어멈아 네가 앞으로 신경 좀 더 써야겠다."

"처자식 위해 고난을 마다하지 않으니 얼마나 책임감 있어?"

"게다가 대학원이라니, 똑똑하기도 하지."

아마도 시댁 식구들은 누가 남편 칭찬을 더 잘하나 대회를 열었을 것이다. 여자인 우리가 대학원 진학을 하겠다면 나쁜 엄마가 되고, 남편이 그러면 대단한 남편이 되는 것이다.

우리는 우리 그림을 우리 것이라고 하면 돌아오는 비난에 언제까지 우리의 삶은 우리 것이 아니라고 이야기해야 할까? 그래서 우리의 삶을 찾으러 법정에 섰을 때, 우리가 받을 보상은 유책 배우자가 남편이라고 할지라도 최고 5천만 원! 재산분할권은 남편이 훨씬 더 벌었으니 남편이 3분의 2을 가진다. 하하하 웃자. 그냥 웃자.

얼마나 어이없는 선고인지 김 아무개 여자 아나운서를 보자. 나는 그녀를 위해 대신 시위라도 해주고 싶다. 대한민국 간판 아나운서이자 모든 남자들의 로망인 그녀를 사기로 결혼을 하고도, 그리고 불륜으로 혼외자식을 낳고도, 때리고 또 때리고도 위자료는 1억 정도였던가? 정확하진 않지만 저 금액을 넘어서진 않았다. 재산분할은 남자한테 3분에 2를 주란다. 이유라는 것이 그녀의 연봉은 1억, 남자의 연봉은 2에서 3억이라는 이유였다.

내가 참 어이가 없어서, 그녀가 1억을 버는지 아닌지, 그 자식이 2억을 벌든지 30억을 벌든지 어떻게 이런 판결이 가능한가? 저토록 아름답고 재능 있고 남성들의 로망인 그녀의 삶을 송두리째 흔들고 그녀의 자식들까지 아빠 없이 키워야 하는 그녀에게 저런 판결이 가능한가? 요즘 시국 유행어처럼 '이게 나라냐?'라는 말이 나온다. "무당이 너의 나라를 이끌어 갔던 거니?"라는 우리 유학생들을 향한 외국인들의 질문만큼이나 어이없지 않은가? 나만 그런 것인지 모르겠지만, 절로 한숨이 나온다.

그럼 여기서 생각해보자. 사회적 명망 있는 그녀도 저토록 참담한 일을 겪고도 재판에서 불리한 판결을 받았는데 서민인 우리는 어쩌라는 것인가? 우리는 5천도 최고치이니 5천은 힘들 것이 분명하고 재산분할에 있어서 골방에서 내 그림이라고 말 못한, 달란트까지 전부 놓아버린 우린 어쩌란 것인가? 이것은 진정 깊이 살펴보고 생각해 보아야 하는 문제다.

김 아무개 아나운서를 향한 악플을 본적이 있다. '조건 보고 결혼하더니' 대충 이런 내용인데, 아니 대체 조건 보고 결혼을 했든, 안 했든 그게 무슨 상관인가? 왜 그녀의 불행을 그녀의 탓으로 돌리는가? 둘의 결혼생활이 불행했었다는 것은 너무나 잘 알려졌지만, 그것이 그녀가 조건을 본 탓이라는 것은 말이 안 된다. 다 떠나서 그녀의 불행이 조건이라곤 하나도 안 본 우리에게 닥치지 않는다고 누가 알 수 있는가? 남의 불행에 손가락질 한 번 더 한다고 해서 우리가 행복해지지 않는다.

우리가 진정 나은 삶을 살려면 우리의 작품에 대해, 우리 인생에 대해 우리 것을 우리 것이라고 하는 시간이 있어야 한다. 우리도 공부하고 싶고, 회사에서 승진하고 싶고, 친구 만나서 내가 잘나간다고 이야기하고 싶다.

이제는 우리 이야기도 하고 살았으면 좋겠다. 나도 내 삶의 그림을 그려가고 싶고, 그래서 내 작품을 세상에 내놓고 싶다. 그런다고 해서 나쁜 엄마가 되는 것도, 나쁜 아내가 되는 것도 아니라고, 당신처럼 나도 내 그림을 그리고, 세상에 내놓을 재능이 있노라고 말하고 살자. 그럴 수 있을 때, 우리는 남편과 아이들을 더 사랑할 수 있고, 내 아이에게 더 좋은 엄마가 될 수 있다. 희생하는 엄마가 꼭 좋은 엄마는 아니라는 것을 알아야 한다.

아이는 좋은 그림을 그리는 엄마의 삶을 보며 자랄 때 아이의 꿈도 아름다워진다. "나도 엄마처럼 살고 싶어요." 이 얼마나 찬란한 헌사인가? 이런 말을 자식으로부터 들을 수 있도록 우리의 작품을 세상에 내놓자. 나의 작품이라고 말할 수 있도록 살아가자. 무엇보다 사랑하는 내 아이들을 위해 우리의 그림을 우리의 그림이라고 말하자. 우리의 삶의 주인이 나임을 분명히 하고 가자. 꼭 이혼을 위한 준비가 아니더라도 일을 시작하자!

많은 돈과 큰 의미의 기로에서

잘 나가는 교육 회사의 어느 대표님께서 내게 이렇게 물어 본적이 있다.

"일이 어떻습니까?"

나는 질문 속에 숨은 뜻을 간파했다. 돈이 잘 벌리는지 물어본 것이다. 그분이 나의 가치관이나 직업관 등에 대해 전혀 관심이 없다는 것을 알기에 간파하기 수월했다. 언제나처럼 대답했다.

"네, 생각보다 괜찮아요."

그가 웃는 낯으로 고개를 끄덕였다. 그래서 한마디 더 했다.

"하지만 늘 더 벌고 싶은 맘이 들긴 해요."

그러자 그가 정색을 하며 소리쳤다.

"교육 사업을 하면서 돈 벌 생각을 하나? 돈 벌거면 모텔하면 돼. 어디다 모텔 하나 임대해서 영업하면 돈 버는 건 식은 죽 먹기야. 근데 그렇게 살고 싶은 게 아니잖아? 돈 벌려면 교육 사업하면 안 되는 거지."

그의 말을 들으면서 나는 속으로 생각했다.

'웃기시네. 지는 잘 벌면서. 나더러만 교육 사업 하면서 왜 돈 벌려고 하면 안 된다는 거야?'

그 후로도 몇 년간 교류를 하면서 만날 때마다 비슷한 대화를 되풀이했다. 그때마다 그는 교육 사업의 천사인 냥 했고 나는 속으로 '우씨, 지는?' 했던 기억이 있다.

나는 버는 돈이 늘어날 때도 줄어들 때도 그의 말이 떠올랐다. 지금도 그렇다. 수입이 줄어들 때는 '모텔하면 돈 번 댔는데' 하는 생각이 들었다. '그런데 모텔 할 돈도 없는 나는 평생 돈 못 벌겠군.' 이런 생각도 동시에 들었다. 늘 그렇지는 않았지만 애들 교육비, 시댁 생활비, 친정 용돈 등 돈에 부대끼면서 살았다. 지금도 남편이 돈을 주기는 하지만 그래도 창창히 남은 아이들의 교육비와 내 노후를 생각하면 돈에 아직도 목이 마른다.

그렇지만 나는 지금은 조금 변했다. 현재는 돈보다 지금 이 순간의 행복감에 더 많은 의미를 두고 산다. 행복감이라고 해서 놀고먹는 것이나, 여행을 자주 한다거나, 나에게만 집중하는 것을 뜻하는 것이 아니라 현재 얼마나 감사하고 살지를 내 스스로 결정할 수 있는 것이 행복하다는 뜻이다. 내가 돈을 크게 잘 벌지 않아도 현재의 내 일에 감사하고 내 일이 점점 발전해서 사회적 공헌도 할 수 있는 사람이 될 것이라는 의미도 함께 부여하고 있다. '의미 있는 것이 돈을 더 벌 수 있는 수단이 아닐까?'라는 얄팍한 생각이 들기도 한다. 하지만 지금 분명히 아는 한 가지는 돈보다 더 가치 있는 것이 많다는 것이다.

그렇다고 해서 내가 돈 버는 것을 놓은 것이 아니고, 돈의 가치나 필요성에 대해 부인하는 것도 아니다. 나는 교육 사업을 운영하며 내가 벌기 힘들 정도의 수익이라고 생각한 금액까지 올려 본 적이 있다. 그때의 기분이란 말할 수 없는 기쁨을 느꼈던 것 같다. 하지만 지금이 그때보다 더 행복하다. 나는 조금 더 아이들과 함께 할 수 있고, 돈보다 다른 것을 구하기 위해 준비하는 시간이 많이 즐겁다. 일을 완전히 쉬지 않는 것도 내 마음을 편히 해주는 한 부분임이 분명하다. 나는 일을 완전히 놓고 싶지 않은 내 마음을 안다. 그냥 조금 천천히 가도 바로 가면 된다는 결론을 내리며 내 앞에 놓인 지금 이 순간에 감사하며 살아간다. 물론 그 감사가 큰 의미 있는 일을 하는 나로 자리 매김해주고 있다고 믿고 있다.

우리나라가 노벨상을 타는 인물들이 적은 이유에 대해 어디선가 어렴풋이 읽은 기억이 떠오른다. 우리나라의 일과 삶의 가치가 너무나 돈을 버는 것에 치우쳐 있기 때문이라는 평가진단이었다. 삶의 중요성이 정신적 의미나 가치보다 많은 것을 소유하는 것에 의미를 두고 있기 때문이라고 했던 것 같다. 우리나라 초등학생의 꿈이 '건물주'라는 기사를 인터넷에서 본 적이 있다. 나는 이 뉴스를 보고 '내 꿈 하고 똑같군.' 하고 생각은 했지만, 참 어처구니가 없었다. 나는 그래도 저 때 좀 더 나은 꿈을 꾸었던 것 같은데, 지금은 나이 들고 돈의 중요성을 알고 나니 노후에 대한 불안감이 들어 이제는 작은 건물 하나 있으면 하는 생각이 들기도 하지만 '오늘의 아이들은 벌써 세상과 노후에 대한 불안감으로 산다는 건가?'라는 생각에 서글펐던 기억이 난다.

돈을 버는 것과 의미 있는 일의 사이에는 '나만을 위한 것'과 '타자 공헌에 의미를 두는 것'에 그 차이가 있다는 누구나 아는 정의만이 떠오른다. 그리고 우선은 '나'라는 사람부터 돈을 중심에 두지 않은 채, 의미만을 우선으로 일을 시작하기는 어렵다는 것을 인정한다. 열심히 하는 일이 돈이 되어 내 아이와 내 가정을 편안히 유지하고 아이들을 위한 교육에 보탬이 되면서 동시에 나와 내 가족만을 위한 일이 아니라면 얼마나 좋을까 싶다.

하지만 의미 있는 일을 찾아서 시작조차 못하기보다는 우선 나와 내 가정을 위한 일을 하고 있는 것도 얼마나 의미 있는 일인지도 알아야 한다. 그것조차 안 하고 사는 많은 이들이 있으며 일의 의미가 사실은 나와 내 가정을 건강히 지켜가는 것에 있기 때문이다. 정말 의미 있는 일을 하고 있을 나를 발견하는 발판은 여기서 시작된다고 나는 믿고 있다.

길게 돌려 이야기하긴 했지만 우선 무엇이든 시작하자. 그러면 언젠가는 혹은 곧 그것이 진정 의미 있는 일이 되어 돌아올 것이다. 내가 계속해서 시작을 말하고 또 말하는 것은 그 시작이 전부이기 때문이다.

"발견은 준비된 사람이 맞닥뜨린 우연이다."

헝가리의 생화학자인 알버트 센트 디와르디가 한 말이다. 우리가 무언가 삶에서 발견하길 원한다면 준비되어야 하고, 진정한 준비는 시작하고 있는 그때부터인 것을 잊지 않으면 좋겠다.

영업직에 대한 편견 깨기

"영업이었어요? 몰랐네요. 죄송합니다."

"생각해 봤는데, 영업은 자신이 없네요."

구인광고에 영업직이라도 밝혀 놓아도 이런 반응을 보이는 이들이 적지 않다. 이런 반응을 보이는 이들이 잘못된 것이 아니다. 영업이라는 일이 워낙 어렵다. 낯선 사람에게 먼저 말을 건네야 하고, 게다가 언제나 '을'인 인생에 발을 들여 놓는 일인 듯하니, 선뜻 하고 싶은 일은 아닐 것이다. 그러니 그들의 반응에 참으로 실망스럽기도, 많은 경우는 이해되기도 한다. 이 '영업직'이란 얼마나 망설이게 하는 직업이란 말인가! 또 그래서일까? 제일 구하기 쉬운 일이 영업직이기도 하다.

내가 영업을 시작하게 된 계기는 나 또한 영업인 줄 모르고 시작한 "커플매니저"라는 직업 때문이었다. 무조건 일을 시작하기 위해 구인광고를 보고 들어간 회사는 작은 결혼정보 회사였다. 일의 명칭은 '커플매니저'. 이 얼마나 멋진 이름인가? 반드시 천국에 갈 수 있는 직업처럼 느껴졌다. 결혼을 성사시키고 새 생명을 탄생하게 만드는 결혼, 과장하면 세상을 유지시키는 일인 것 같은 착각까지 드는 일 아닌가? 그래서 나는 이 일을 시작했다. 일하는 조건은 간단했다.

'기본급 40만원, 9시 출근에 6시 퇴근, 수당 지급(수당 차후 결정)'

나는 그냥 깊이 생각하지 않고, 일할 수 있다는 것만으로 그 일을 시작했다. 무엇에 따른 수당인지 잘 이해도 못했고, 그냥 명칭도 멋졌다. 가장 큰 장점은 우선 집에서 나와 일을 할 수 있다는 것과 아이를 유치원에 맡기기도, 찾기도 수월한 거리의 직장이란 점이었다. 그렇게 나는 그냥 일을 시작했다.

그냥 나갈 수 있어서 좋았고, 가계에 보탬이 되니 더 좋았다. 40만원이라는 돈의 가치는 아마도 그때 당시 차비와 점심값을 쓰고 나면 조금 남을 정도의 액수였던 것으로 기억한다. 그래서 '청소라도 하면서 40만 원 벌면 되는 거 아니겠어?'라고 생각했다. 그런데 이 커플매니저라는 직업은 그렇게 그냥 40만 원을 주는 일이 아니었다. 말 그대로 영업직인데 파는 물건은 물건이 아닌 형체도 없는, 결혼에 대한 '이상'과 '꿈'이었다.

잘 풀어서 쓰자면, 고객이 본인의 결혼상대에 대한 꿈을 꾸게 만들어서 그 꿈을 이루어 줄 것처럼, 아니 '이루어 질 수도 있는 것 아니니?'라는 것을 파는 일이었다. 얼마나 황당한가. 나는 이 일을 안 해도 40만 원 받으면서 다니고 싶었다. 그래서 이 일을 할 수 있다고 생각하진 않았지만, 일을 그만 두고 싶지도 않았다. 그냥 40만 원이라도 벌고 싶었다.

그런데 인생이 그렇게 쉽지만은 않다.

"40만 원만 주심 되요"

내가 이렇게 말하면,

"그래 너 욕심도 없고 착하구나. 40만 원만 받고 영구히 다니렴. 정말 착하고 솔직하니까 가끔 보너스도 줄게."

이렇게 금도끼, 은도끼 동화처럼 되냔 말이다.

그렇게 다니다가는 3개월 안에 '실적 없음'이라는 사유로 잘리는 일이었다.

그래서 나는 수없이 전화를 걸고 셀 수도 없이 많은 사람들과 만났다. 실적 1위를 했고, 회사에서는 나를 배우자는 회의까지 열렸다. 나의 영업 특징과 비결이 무엇인지 발표했고 나의 이미지에 대해 이야기했다. 여기서 이미지란 옷차림이나 외모를 이야기하는 것이 아니다. 나는 정말 엽기적으로 하고 다닌다는 이야기를 들을 만큼 옷에 대해 그다지 신경을 쓰지 못했다. 나는 가난했고 메이커 옷은 살 수 없을 만큼 돈이 없었다. 그리고 얼굴도 그다지 예쁘지 않다. 하지만 약간의 매력은 가졌다고 말하고 싶다. 예를 들어 다른 사람의 장점을 정말 잘 찾았고 상대방의 말에 대한 칭찬을 결코 망설이지 않고 하는 것이 나의 비결이라면 비결이었고 이미지라면 이미지였다. 그렇게 나는 기본급 40의 인생에서 실적 1위를 하며 그 회사에서 팀장까지 올라갔고 그렇게 일을 하다 강사로서 전업을 하게 되었다.

내가 영업직에 대한 편견을 깨려고 이 글을 쓰는 이유는 영업이라는 일이 힘든 일임에는 동의를 하지만 일을 하는 방식에 따라서 자신을 너무나 크게 키울 수 있는 일이기에 일을 구하기 힘들다는 사람에게 추천하고 싶기 때문이다. 영업 일은 항상 구하는 분야도 넓고 많은 수를 유지한다. 이유는 간단하다. 한다는 사람도 적고 시작하고 나면 포기하는 사람도 많고 무엇보다도 회사에서 가장 힘들면서도 가장 중요한 일이기 때문이다. 그런데 무시당하는 일이라는 생각에서 벗어나지 못하게 하는 요소들이 구석구석에 숨어 있어서인지 시작이 너무나 어렵다. 일이 없어서가 아니라 마음먹기가 가장 어렵다.

그러나 모든 삶이 영업의 시작임을 생각한다면 그 일에 대해 가진 편견을 깰 수 있다. 나는 예전 이 일을 하면서 대통령이 순방을 다니는 일도 일종의 영업이라는 것을 알게 됐고, 우리나라 많은 기업의 총수들도 결국은 영업을 다니고 있다는 것을 알 수 있었다. 그들은 영업을 부끄럽게 여기지 않는 사람들이다. 그들에게는 국민들의 생계가 달려 있고 많은 직원들의 삶과 가족의 생계가 함께 연계 되어 있어서 그 일을 쉽게 포기하지도 부끄럽게 여기지도 않는다. 만약 여러분들이 그들은 대접받으면서 일하니까 힘들지 않은 게 당연하다고 말한다면 그것은 잘못 알고 있는 것이다. 우리나라의 만연한 갑과 을의 관계들은 어느 곳에나 존재하고 우리나라 대통령도 강대국에 가면 결국 '을'인 것이다. 그들은 국제 관계라는 더욱 무거운 과제 아래 '을'로서 행동한다. 그리고 더 강한 자존심을 무너뜨리면서도 국민을 먼저 생각해서 고개를 숙여야 하는 자리이다.

그리고 잘 돌아보면 우리는 늘 우리를 알려야 살아갈 수 있다. 결혼도 내 가치를 더 잘 알고 날 더없이 사랑하는 이를 만나기 위해서는 나를 잘 알리는 것이 핵심이다. 그렇게 더 나은 사람을 찾아 더 나은 것을 가진 채 사랑하며 살고 싶은 것, 늘 우리는 누군가와 관계 맺기에 더 나은 삶을 향해 갈 수 있다는 것을 생각하며 무언가를 팔기 위해 관계 맺기를 한다고 해서 꼭 더럽고 치사한 것만은 아니다. 그것을 잘 풀어가면서 즐겁게 일할 수 있는 자신감을 가진다면 한 단계 앞으로 나아갈 수 있다. 영업은 즐겁고 가치 있는 일이다.

앞에서도 말했지만 어떤 직업이든 그 안에 들어갔을 때 힘겹지 않거나 어두운 구석이 없는 일은 없다. 그러니 영업직이라는 일에도 마찬가지 상황이 있겠지만, 그래도 나를 믿고 진실하게 일한다면 세상은 나에게 좋은 답을 가져다 준다. 단, 진실하게 일해야 한다. 진실할 때 영업이라는 일의 시작에서 뿌린 씨앗이 꽃이 될 수 있다.

나나 베르베로바는 말했다.

"나는 삶에서 언제나 치열함을 추구하고, 삶을 만끽하라고 배웠다."

영업은 치열한 싸움이지만 삶을 만끽하는 기회가 되기도 한다.

헬렌 켈러는 또 말했다.

"인생은 과감한 모험이든가, 아니면 아무것도 아니다."

과감히 모험을 시작하지 않는다면 아무것도 아닐 수 있다는 절박함을 갖고 움직인다면 어떤 일이든 두렵지 않고 해낼 수 있다.

"나 성공할 수 있을까요?"라고 묻는다면

나는 사실 성공이라는 것이 어떤 것인지를 지금도 잘 모르겠다. 예전 어릴 적 아니 약 10년 전만 해도 나는 성공이라는 개념이 확실했다.

'돈을 많이 버는 것', '사회적 명성을 얻는 것'
딱 이 두 가지 측면에 초점을 맞추고 있었다.

그래서 가장 많이 아는 여성 중 성공한 여성으로 그려지는 두 여자를 예를 들어 이야기하기도 했다. '오프라 윈프리'와 '힐러리 클린턴'이었다. 우선 '오프라 윈프리'는 그녀의 재산으로, 그리고 '힐러리 클린턴'은 결혼으로 성공한 여성이라는 평가가 절대적이었다.

끝없이 이야기되는 오프라의 부에 대한 이야기, 그리고 힐러리의 결혼에 관한 기사를 읽으며 그녀들의 성공이 부러웠다. 나는 오프라의 부와 힐러리의 남편처럼 성공한 남편을 원했다. 그래서 돈에 대해 집착했고 남편의 성공에 집착했다.

그런데 그 두 가지에 집착해 온 지금의 내 모습은 어떠한가? 한심하기 그지없다. 많은 주부들이, 아내들이 그러하듯이 나는 홀로서기 중이고, 집착하던 돈도 별로 없다. 그러니 두 가지에 집착한 나는 둘 다 얻지 못했다.

하지만 지독히도 힘든 이 상황에서 나는 진짜 성공한 인생이 무언지에 대해서는 어렴풋이 감을 잡기 시작했다. 성공은 감사하는 삶 속에 있다. 그저 너무 너무 힘든 시간 속에 있으니 나는 무엇이든 감사하게 됐다.

'아! 내가 그토록 행복했었는데 그걸 모르고 살았구나.'

지금 가진 것에도, 지금 상황에도 감사하자, 감사하자. 그렇게 나는 매일매일 감사를 드렸다. 아이가 무사히 잠든 밤에는 잠든 아이들 얼굴을 보면서 '오늘도 무사히 돌아와 주어 고마워'라고 말했고, 아침에 눈을 뜨면 살아 있어서 아이들을 보살피는 내가 고마웠고, 오후에는 회사 일을 하며, 또는 이 힘든 상황에 바로 서기 위해 스스로 홀로서기 위해 글을 써내려가는 나 자신에게 감사했다. 그렇게 나는 성공이라는 진짜 길로 들어선 것이다. 이러한 내 모습은 조금 큰 꿈을 가지게 했다. 나만 행복한 것은 행복한 것이 아니라는 사실을 알게 된 것이다. 그러니 이렇게 살다가 나만 생각하다 죽다가는 나는 죽는 순간 후회할 것이 분명했고, 그렇게 나는 나만 생각하지 말자라는 생각을 했다.

그렇게 생각해 낸 나의 진짜 꿈은 '버림받은 아이 다섯 명을 내 아이처럼 대학까지 졸업시키고 죽기'가 되었고, 나는 그 꿈을 향해 달리기로 했다. 예전부터 고아원을 세우고 싶다는 생각은 했지만 그때의 막연한 이상적인 생각으로 좋은 사람이 되어보고자 하는 것과는 달라졌다. 목표가 좀 더 명확해졌고 계획이 좀 더 분명해졌으며 차차 세부화되어가고 있다. 나는 이러한 진정한 꿈을 가지고 사는 지금을 성공으로 생각한다.

그러니까 구체적인 나의 계획은 이러하다. 나이 터울이 나도록 부모가 없는 아이들을 한 명씩 사랑을 다해 키워낼 것이다. 형제와 자매가 되도록 형과 아우가 생기고 누나와 남동생이 또는 여동생이 생기도록 나이차가 조금씩 나도록 아이들을 받아들여 양육할 것이고, 그들이 경쟁상대가 아니라 서로에게 가족이 될 수 있도록 키워낼 것이다. 사랑도 지금의 내 아이들만큼 부족함 없이 주려 한다. 그 아이들이 세상에 태어나서 버림받았다는 사실을 나중에 알게 되더라도, 그것이 나와 만난 이유가 되고 형제를 얻게 된 행운이 되었다고 생각할 수 있도록 할 것이다. 세상이 그 아이들을 향해 얼마나 너그럽고 아름답게 펼쳐져 있는지 알게 키워내고 싶다.

이런 내 꿈을 아는 내 딸아이는 고속도로를 달리던 차안 조수석에 앉아서 내게 이야기 했다.

"엄마, 엄마가 그렇게 하고 죽으면 나도 나이가 들어 엄마 나이가 되면 엄마처럼 다섯 명의 고아들을 그렇게 키울게. 호연이도 그렇게 한다면 벌써 15명이잖아."

딸애의 말이 가슴을 쳤다. 그 말이 맞았다. 그렇게 내가 키워낸 5명의 또 다른 내 아이들도 그렇게 해준다면 세상이 조금이라도 더 아름답게 변하지 않을까 하고 생각하게 된다. 이러한 꿈 자체만으로 가슴이 부풀어 오르는 행복감이 이제는 성공인 것 같다.

성공 바이러스는 목표에서 나온다. 그러니 많은 성공을 향한 자기계발서에서 "목표를 세워라!"라고 쓰지 않는가. 하지만 나는 그 목표가 눈에 보이는 것에 한정된다면 또는 나와 내 가족만을 위해 한정된다면 “세워봤자”라고 말하고 싶다. 혹여 그것을 이루었다고 해도 진정한 성공이 아니라고 생각한다.

“인생을 돈벌이에만 집중하는 것은 야망의 빈곤을 보여주는 것이다. 네 스스로에게 너무 적은 것을 요구하는 것이다”

미쉘 오바마의 그 잘난 남편 버락 오바마가 한 말이다. 인생의 목표를 ‘건물주’나 은행잔고의 금액을 목표로만 한다면, 내 자신에게 정말 못할 짓을 하는 것이 아닐까 싶다. 그것은 오바마여서라고 말하지 말자. 우리 모두가 미국대통령을 꿈꾸거나 하지 않더라도, 질 높은 마인드는 함께 생각하고 새길 수 있다. 그러한 내 이상적인 모습과의 경쟁은 진정 나와 더불어 세상을 아름답게 할 것이다.

건물주가 목표인 지금의 초등학생 아이들이 모두 건물주가 된다고 해도, 그들이 행복해 질 것이라고 생각하지 않고, 성공이라고 받아들일 것 같지가 않다. 건물이 한 채 있는 사람이 두 채를 가지고 싶을 테고, 못 가지면 불행하다고 자책할 것이다. 몇 채 가진 자들의 자식들은 남들보다 건물이 많은 것을 성공으로 생각하며 살게 될 것이니, 그 돈 많음이 얼마나 성공과 관계없이 느껴질지 나는 그 많은 한숨들이 벌써 들리듯이 안타깝다.

그러니 성공 바이러스를 진정 가지고 나누려면, 우선 진정한 목표를 세워야 한다. 공익이 목적이 되는 목표, 아니 이것은 너무 거창한 지도 모른다. 우선은 내 자신에 대해 부끄럽지 않은 개인의 목표여도 괜찮다. 돈을 많이 버는 것이 아니라, 얼마를 벌어서 그것으로 날 위해 또는 가족을 위해 의미 있는 무언가를 하기 위함을 세워보는 것도 좋겠다. 남편을 또는 아이를 아니면 나를 위해 제주도 여행을 목표로 해도 좋고, 적금을 들어서 1년 후에 목표의 대상에게 목돈을 쥐어 준다거나 하는 것도 좋다. 그 순간의 기쁨을 그리면서 한 달 한 달 나아간다면 어느새 일 년이 되어 있을 테니, 결코 길지 않은 시간이다. 어느 순간 다가가 있는 것이야말로 목표의 묘미이다.

그 목표는 꿈이 되고, 그 꿈은 발전한다. 돈과 남편의 성공에만 집착하던 나는 지금 꿈을 꾸고 있다. 어느 순간 나의 꿈은 세상이 더 아름다워지는 것에 다가가 있다. 나처럼 작은 사람도 마음이 성장해가고 있는 것이다. 그 이유와 과정은 단순하다. 나는 목표를 가졌고, 그 목표를 향해 가며 시련을 겪었고 그 시련은 내가 세상을 다시 보게 해주었고 그렇게 나의 꿈은 성장을 했다. 나는 이제 성공이라는 것에 다가가지 않아도 성공을 하지 못했다고 여기지 않을 것 같다. 왜냐하면 나는 언제나 꿈꾸는 것을 포기하지 않을 것이고, 그 꿈이라는 것 또한 나만을 위한 것이 아닌 내 아이들 그리고 내 아이들의 아이들이 살아갈 이 나라를 좀 더 좋은 세상으로 만들 수 있는 꿈이라고 믿기 때문이다.

나는 긴 시련 속에서 진정 성공 바이러스를 가질 수 있었고 그것을 나누어 줄 힘도 생겼다. 그리고 성공이 어느 순간에 다다르는 것이 아니라 오늘 하루도 좋은 것을 희망하는 것에 있음을 알고 있다.

우리 국민들이 더 나은 것을 함께 꿈꾸는 것으로 우리는 더 성공하고 있다고, 그리고 성공할 수 있다고 함께 믿어야 한다. 지금의 시련으로 더 나은 것을 꿈꾸면서 더 많은 대한민국 국민들이 성공하는 삶을 살아가고 더 행복해지고 그렇게 나누는 성공적인 나라와 국민이 될 수 있다고 나는 진정 믿는다.

"춤춰라. 아무도 보지 않는 것처럼. 사랑하라, 한 번도 상처받지 않은 것처럼, 노래하라, 듣는 이가 없는 것처럼. 살아라, 이곳이 천국인 것처럼"

나는 정말이지 아무도 보지 않는 곳에서 춤을 춰야 할 만큼 몸치에 음치이지만 그래도 춤추고 노래한다. 그 순간 나는 무척 행복하다. 나는 힘겨운 시간 속에서도 노래하기를 멈추지 않고 쉬지 않는다. 지금 이 순간 자체가 우리에게 가장 큰 선물임을 알고 있고, 목표가 뚜렷하기 때문이다.

최고가 아니어서 초라하다면 초라하지 않은 삶은 없다

내 이메일 아이디는 think-win이다. 이것은 예전에 내가 너무나 초라하다고 여겼던 때 만들어낸 아이디다. 아무 생각이 없었다. 그냥 내가 초라해서 만들어낸 아이디일 뿐, 이기려고 하고 싶은 마음도, 이기고 싶은 마음도 없었다. 내가 그저 초라하다는 사실을 모르게 하려고 만든 아이디다. 그 의도는 적당하게 통했고, 나는 아이디가 멋지다는 말도 가끔 들었다.

하지만 내 삶이 초라하지 않다고 여겨지지는 않았다. 왜냐하면 내가 초라하지 않다고 속이려고 만든 것이니, 나는 여전히 초라하게 산다고 여겨지게만 했던 아이디 '이기기를 생각하기', 이기는 것이 얼마나 내게 중요했던 주제인가를 생각해 본다. 나만 사랑받지 못하는 것 같고, 나만 지고 사는 것 같아서 이기려고 만든 아이디, 그런데 나는 무엇을 이기기를 원했는지 이제는 기억도 나지 않는다.

이기기만 하는 삶은 어차피 없는데, 무엇을 그토록 이기고 싶었던 것일까? 누가 누구를 어떻게 이겨야 하는지도 나는 모르겠다. 누가 누구를 이겨야 하는 것도 없는데 왜 우리는 이기기를 그토록 연구하고 원하고 갈망하는지 모르겠다. 최고라는 것은 글자 그대로 가장 높은 곳에서 정점을 찍는 것일 뿐, 그렇게 정점을 찍고 나면 내려온다. 내려오면 곧바로 초라해지는 것이 최고였던 자의 운명이다. 정점을 찍던 그 순간에 얽매여서 언제까지나 그 자리를 잊지 못하고 그 영광의 기억에 사로잡혀 현재를 초라하게 여겨야 하는 것이 삶이라면, 그것이 오히려 더 초라하지 않을까라는 생각을 한다.

아주 어린 나이에 결혼한 나는 일을 그만두고 남편 학교 근처로 이사를 가야했고, 백화점에서 친구가 화장품 매장에서 매니저로 일하는 덕에 잠깐 백화점 에스컬레이터 앞에서 전단지를 나누어주는 아르바이트를 했다. 일당으로 돈을 받았는데 아마도 그 일이 너무나 힘들어서인지 꽤나 많은 돈이었던 것 같다.

백화점에서 판매를 하는 일은 굉장히 힘든 일이다. 꽤 오랜 시간 서 있어야 하는 일인 동시에 감정노동에 시달려야하기 때문이다. 판매액에 따른 인센티브가 있기도 하고 본사와 백화점 당사의 매출 증대에 따른 요구도 만만치 않다. 그런데 그보다 더 힘든 일은 에스컬레이터 앞에서 전단지를 나누어주는 일이었다. 가장 고통스러운 것은 다리의 통증이었다. 백화점 매장 안에는 카펫이 있기 때문에 다리의 피로와 통증이 비교적 덜했다. 그러나 에스컬레이터 앞 대리석 바닥에서 오랫동안 서 있는 것은 고통 그 자체다. 몸 전체가 사람들 눈에 보이는 곳에 서 있기 때문에 구두도 편안한 것을 신을 수 없다. 적당히 굽이 있어야 하고 보기에도 나쁘지 않아야 한다. 다리가 아프고 발바닥까지 굳어오는 통증을 그 오랜 시간 견뎌야 하고 전단지 양도 최대한 많이 나눠 줘야하고 또 하루 할당량을 다 채우기 위해서는 정신없이 전단지를 나누어 줘야 했다. 발바닥까지 저려올 때면 내 자신이 얼마나 초라했는지 모른다. 전단지를 받자마자 버리거나 본체만체 손을 휘휘 젓고 지나갈 때는 더욱더 초라한 기분이 들었다.

처음 에스컬레이터 앞에 섰을 때의 기분도 많이 초라하고 부끄러웠다. 그런데 차가운 대리석 위에서 전단지가 다 없어질 때까지 서 있는 것은 정말 중노동이었다. 그래서 나는 백화점에서 전단지 나누어주는 사람을 그냥 잘 안 지나친다. 물론 그 전단지 나누어주고 나면 다시 전단지를 한 다발 집어 들고 또 돌아올 것을 알지만 그래도 받는다. 손에 쥔 전단지 다 나누어주고 나면 매장 다녀오느라 조금 걸을 수 있어서 다리 저리는 고통과 발바닥까지 굳어져오는 통증에서 잠시라도 벗어날 수 있기 때문이다.

돌아보니 나는 정말 많은 아르바이트를 했다. 남편과 아트박스 매장 밖에서 크리스마스 시즌에 그 추운 겨울날 카드 판매도 했었다. 물론 혼자 하는 것보다는 나았고, 신혼 때라 모든 것이 달콤했기에 견뎌냈을지도 모르지만 그래도 너무 추웠다. 하지만 거기는 앉아 있을 수도 있었고, 너무 추울 때는 아트박스 안에서 연세 많은 사장님 옆에서 손을 녹일 수도 있었다. 초라했지만 초라하지 않았던 나의 젊은 시절의 일들, 그 일들이 지금의 내 열정을 만들어 준 것은 아닌가 하고 돌아본다.

무엇이 될지도 모르고, 그냥 잘살고 싶어서 아무거나 해대던 내 모습은 아름다웠다. 내가 아니고 나와 함께 하는 나의 사랑하는 그 사람을 위해 열심히 살고 싶고, 태어날 우리의 아이들을 위한 삶에 모든 것을 걸고 있던 내 삶은 밑바닥이라고 생각하는 3D 업종에서도 날 아름답게 빛나게 해주었다.

그 시절 돌아보면 늘 나보다 훨씬 높고, 최고인 것 같은 사람들이 있었다. 백화점에는 매니저들이 있었고 또 날더러 '짝다리' 짚는다고 불러내서 불같이 화를 내던 백화점 정직원들이 있었다. 기억이 잘 안 나긴 하지만 그들이 부럽거나 하진 않았다. 그냥 '꼰대'들의 본고장에 온 듯 생각되었다고 기억된다. 그리고 그냥 혼나던 것이 무서웠던 기억, 그렇게 세월이 흘러서 나는 지금의 일을 시작하게 되고, 정말로 부러운 이들을 만나기 시작했다.

나의 첫 사회강의는 백화점 직원들의 전체 교육이었다. 그 강의는 갑작스럽게 아카데미 원장님을 대신하는 일명 '땜빵'으로 이루어졌다. 커튼 뒤에서 본 청중들은 200여 명 가까이 되었다. 첫 강의로는 얼마나 부담스러웠던지 가히 상상하기도 어렵다. 겁을 잔뜩 먹은 채 끌려가듯 갔던 그 곳에서의 강의는 첫 강의였지만, '조금도 떨지 않았던 나'와 '무엇을 말하고 내려왔는지 아무것도 기억나지 않는 나' 두 가지를 기억하게 한다.

그리고 나의 강의가 끝난 후 내 뒤를 이었던 10년차 강사의 강의는 내 강의와 너무나 극명하게 비교되었다고 들었다. 나는 그냥 나쁘지 않았다는 평가 정도로 내가 완패했다는 후설이 들려왔다. 당연한 일인지라 지금은 빙그레 웃지만, 그 당시는 나보다 월등했다는 그 강사가 너무나 부러웠고, 그녀는 '최고'로 나는 '최저'로 계속해서 남을 것 같은 열등감에 괴로웠다.

그렇게 세월이 흐르고 나는 지금도 최고는 아니지만 지금은 사실 최고라는 개념을 잘 모른다. 삶에 있어서 무엇이 정말 좋고, 나쁘고를 알 수 없듯이 일에 대해서도 무엇이 최고이고, 아닌지를 잘 모르겠다. 강의를 잘하는 사람들은 너무나 많다. 정말 저 사람 강의는 들어보고 또 들어도 웃음이 나고 늘 같은 강의를 하는데도 '사람들이 웃는다'는 사실에 놀라기도 하고, 늘 같은 주제로 다른 에피소드의 강의를 큰 준비 없이도 해내는 사람들을 보면 늘 감탄하게 된다. 그런데 '저들은 최고구나' 하는 순간에 가끔 그들이 소리 없이 무너지고 있는 것을 보게 된다.

내가 아는 여성 리더십 강사는 강사료도 보통 강사들에 비해 굉장히 높고, 남편 또한 굉장한 사업가로 성장하고 있어서 돈에 대해 부족함이 없다고 말한다. 물론 그녀의 강의력 또한 매우 뛰어나다. 말하는 모습도 예쁘고 귀여운 자녀도 둘이나 있다. 남편의 사랑도 넘치고 또 넘친다고 말한다. 한 마디로 복에 짓눌려 죽을 정도가 아닌가라는 생각이 들 정도이다. 그런데도 그녀는 만나면 늘 돈 이야기를 한다.

어느 날, 그녀의 훌륭한 지인인 리더십 넘치는 여성이 있다고 하여 소개 받으러 간 나는 많이 놀라서 돌아와야 했다. 소개 받으러간 여성은 한 네트워크 사업의 이사였는데, 나는 그때 당시 네트워크 사업에 대한 개념도 없었고 그녀가 네트워크 사업을 하는지도 전혀 모르던 상태라서 화려한 밍크조끼에 짙은 화장을 한 아름다운 그녀가 왜 나를 만나려는 지조차 알지 못했다. 그저 인사 정도 나누고 여담을 나누는 일하는 여자들의 수다 정도로 생각하고 나올 것이라 여겼다.

그런데, 그 밍크조끼의 이사가 도착하기 오 분 전에 그 강사가 말했다.

“한 실장님, 그 이사님이 좀 이상하게 행동해도 크게 신경 쓰지 마세요. 왜냐면 열정적으로 사시는 분이라 그래요.”

‘이상하게 행동한다고? 이상할 게 뭐가 있을까? 좀 괴짜인 분인가 보다.’ 이렇게 생각하면서 나는 그 강사분이 듣기 좋게 대답해 줬다.

“이상하면, 그저 웃으면 되지요. 호호”

그런데 그분은 정말 이상했다. 그 이사님과의 만남은 결코 웃을 수 없는 상황과 순간의 연속이었다. 이사님은 앉자마자 자신의 과거 이야기부터 시작했다. 화려한 외모와 값비싼 밍크조끼를 걸친 그녀는 외모와 걸맞게 자신은 보석 디자이너였다고 했다. 나는 그녀의 외모를 보고 믿어 의심치 않았다. 그러던 그녀는 갑자기 비누 하나를 꺼내들고 비누 뚜껑을 열더니 그 큰 비누를 케이스에 담은 채로 핥아먹기 시작했다. 그리고는 이 비누는 이렇게 먹어도 될 정도로 무해하기에 정말 좋은 제품이라고 설명했고, 나는 사람이 그리워서 나간 그 자리에서 비누 나눠 먹는 것인가 싶어서 '쪼그라들' 뻔했다.

그러니까 한마디로 그 자리는 네트워크 사업 소개 자리였던 것이다. 그 강사 자신이 사람을 모으고 제품을 설명하기에는 명성에 금이 가거나 흠집이 생길 수 있으니 그 강사는 나 같은 사람을 소개하고 사업과 제품 설명은 이사님이 담당하는 구조였던 것이다. 그것도 비누를 먹어가면서 이 안전한 제품을 당신도 사용하고 사람들 모아서 그들에게도 팔라는 것이었다.

웃으며 돌아서 나왔지만 몹시 씁쓸했다. 그 뒤로도 나는 끊임없는 그 이사님의 아침 카톡 인사로 인해 한 번 더 네트워크 지점으로 가서 그 이사님을 만나야 했다. 그런데 다시 만날 날, 이번에는 그 이사님께서 로션과 에센스, 파운데이션을 물에 타서 마시는 바람에 불편해서 죽는 줄 알았다. 정말 먹지 않아도 나는 그 제품이 좋다고 믿을 수 있고, 그 제품을 살 수 있다고 얘기해도 계속해서 먹고 마시는 이사님으로 인해 매우 힘들었다.

나는 지금 네트워크 사업이 문제가 있다는 것을 말하는 것이 아니다. 사람이 사람에게 이용당하는 듯한 기분이 들던 것이 좋지 않았다고 말하고 있는 것이다. 무엇이든 시작해야 하는데 네트워크 사업이 좋으니 나쁘니 하는 것은 온당치 않다. 그 일을 하다 말더라도 그 안에서 배우는 것이 있다면 무엇이든 상관없다.

나는 그 여자 강사가 나와 이야기 나누고 싶어서, 시간을 나누고 싶어서 자신이 좋아하는 사람을 소개하는 것이라 믿고 나갔는데 그녀는 나를 네트워크 한 단계로 생각하고 불러냈던 것이다. 가질 만큼 가졌고 배울 만큼 배운 분이 나를 '비즈니스'에 이용했던 것이다. 많이 가슴이 아프고 싸했던 기억이 난다. 물론 난 그 리더십 강사를 좋아한다. 그녀는 정말 예쁘게 말하고 아름답고 스마트하고 좋은 사람이다.

이 이야기는 그녀를 나쁘게 표현하고자 하는 것이 아니라 그녀가 사는 방식 탓에 내가 상처 입었다는 것을 말하는 것이다. 그녀는 그녀의 일을 위해 최선을 다 한 것뿐임을 나는 안다. 그분은 정말 열심히 산다. 새벽 다섯 시면 일어나서 그 날의 강의를 준비하고, 아니 강의가 없어도 다섯 시면 일어나서 다른 날 강의를 위해 강의안을 준비한다. 그녀는 그 자리에 가 있을 만한 자격이 있고 그 행복과 부를 가질 자격이 있다. 그냥 그녀가 정말 그 충분한 돈과 실력과 행복을 가지고도 늘 돈 이야기만 하는 것이 안타까운 것이다. 늘 돈 이야기 외에는 하지 않고 돈 많은 사람들 그리고 돈을 많이 벌기 위한 관계가 중심이 되는 것이 안타깝다. 나는 돈의 중심에서 벗어나지 못하는 그녀를 떠올릴 때면 그녀의 삶이 과연 최고의 강사라는 이름에 걸맞은 것인지 생각해 보게 된다는 이야기를 하고 싶다. '돈을 많이 버는 사람이 최고인 것인가?'라는 물음을 던지게 하는 사례이다.

이처럼 어떤 강사는 좋은 강의 속에 명성을 쌓고도 늘 '돈, 돈, 돈'을 외친다. 또 어느 순간에는 자신이 강의하는 대로 살고 있지 않는 강사도 보게 된다. 말과 행동, 겉과 속이 다른 것이다. 이런 사람들이 '최고'일까? 또 어떤 진실한 명사가 사람들의 편견 속에 목숨을 끊는 등 극단적인 선택을 할 때 나는 최고에 대해 생각하고 다시 한 번 최고가 되기 위해 살 필요가 없음을 깨닫게 된다.

어쩌면 '최고'라는 것은 '순간'에 정점을 찍고 내려오는 것을 말하는 것 같다. 인생도 찰나인 것을 깨닫는 지금, 최고를 열망하는 것이 '순간에도 머무르지 못하는 것' 같다는 생각이 든다. 그래서 최고를 꿈꾸며 일을 하더라도 최고만을 목표로 하지 않았으면 좋겠다. 나는 일하는 것 자체를 감사할 수 있다면, 최고가 되지 못하고 일을 마치는 하루가 더 많겠지만, 정말 '일 자체를 즐길 수 있지 않은가?'라는 생각을 한다. 그렇게 최고가 되는 것만을 이루는 삶이 아닌 '즐거워하기'와 '감사'를 하며 사는 삶이 더 최고라는 순간에 오래 머무르는 일이며 진정한 일에서 성공하는 삶인 것 같다.

안톤 체홉의 "사람은 스스로 믿는 대로 된다(Man is what he believes.)"

의 진정한 믿음처럼 우리 모두 우리가 믿는 대로 될 수 있다. 그러니 자신을 믿어 보자. 지금 바로 말이다. 자신에게 더 가치 있는 믿음을 가지고 살아간다면 우리는 진정한 성공에 다다르고 성공한 후, 이제는 무엇을 향해 가야 하나 싶은 허무감이 아닌 행복한 삶을 함께 가질 수 있다고 믿는다. 성공을 향해 가기보다 성공의 가치를 새롭게 정비하고 스스로를 믿어 준다면 우리 모두 성공한 사람이 될 수 있다고 말하고 싶다. 나의 성공의 목표가 세상에 버려진 다섯 명의 아이들에게 세상이 아름답고 너그러운 곳이라고 알게 하고 죽는 것이 된 후 내가 더 행복해진 것처럼, 여러분도 건물주보다는 나은 성공의 목표를 갖길 바란다. 그래서 여러분의 세상도 나처럼 갑자기 훨씬 너그럽고 아름다워지는 경험을 할 수 있기를 진심으로 바란다.

삶의 변화를 진정으로 원하는가?

결론부터 이야기하자면 계획하고 실행하는 것이다. 그리고 그 과정을 즐기자. 그 세 가지면, 인생을 행복하게 살고 자신의 일에서 성공을 거둘 수 있다. 여기서 행복과 성공을 결과로 받아들여서는 안 된다.

이런 글을 읽다보면, 나도 '참, 말이 쉽지. 너나 잘하세요.'라고 생각한다. 그런데 나도 그런 말이나 쉬운 일을 요즘에 조금이나마 해내고 있는 자신을 보며 '그런 글들을 읽어 두기를 잘 했구나.' 하고 생각한다. 명언이나 쉬운 글귀들을 읽어가면서 나에 대해 생각해보고, 저런 글들을 전혀 행동으로 옮기지는 못하는 시간들이 있었지만, 그래도 마음뿐이라도 새겨두려고 노력해왔던 시간들이 헛되지만은 않았다는 것을 지금은 알게 된다.

'저 글을 쓴 자기들은 저대로 하나?' 하며 빈정거리기도 하고, 조금이라도 알려진 이들에 대한 루머들을 들으면서, '내 저럴 줄 알았어.' 라면서 나의 발전 없는 모습을 정당화해야만 마음이 편했던 것 같다. 그래야 지금의 내 모습이 덜 초라해지는 것 같았다. 그들이 그저 자신의 생각을 글로 옮긴 것이고 행동을 못하여도 나는 내가 읽은 글이 옳다고 여기고 행동으로 옮기면 그만인 것인데, 그들은 말뿐이고 행동을 못하니, 나 또한 못해도 된다고 정당화하려고만 애써왔다. 내가 아닌 남이 주체가 되던 모습이다. 그들이 못해도 나는 해도 되는데, 그리고 할 수 있는 내가 되면 그만인데 그들도 못하고 나도 못해야 속이 편한 시간들이었다.

아주 오래 전, 아마도 30년쯤 전에 '주병진'이라는 개그맨이 '웃으면 복이 와요'라는 프로에서 하나님께 기도하던 개그가 생각난다. 그가 큰 바위를 뒤에 두고 앞에 앉아서 기도를 한다. 대사는 이렇다. "하나님, 옆집 철수도 복권에 당첨이 됐고, 뒷집 영수도, 앞집 영희도 다

복권에 당첨이 됐는데, 왜 저만 복권 당첨을 안 해주시나요?" 하고 운다. "하나님, 저는 마음에 안 드시는 건가요? 제가 무얼 잘못한 일이 있나요? 저 착하게 살았는데, 제발 저도 복권에 당첨이 되게 해주세요."라고 엎드렸다 일어났다 두 손을 꼭 쥐고 하늘을 바라봤다 하며 처절하게 울부짖는다. 그러면 바위 뒤에 숨어 있던 스텝이 큰 바스켓에 담긴 물을 주병진의 얼굴에 아주 세차게 부은 뒤 하나님의 음성이 들린다. "가서 복권부터 사라, 병진아."

나는 그 장면을 보면서 폭소를 금치 못했다. 그 당시에는 그가 복권을 안 산 것이 웃겼던 것이 아니라 그 물을 맞으면서 보이는 그의 표정이나 제스처 등, 그 물이 확하고 쏟아지는 때의 놀람이 더해 웃음이 터졌던 것 같다. 그리고는 '그러네! 그가 복권을 샀단 말이 없었구나.' 하는 생각이 들었다. 살아가면서 그 표정이나 제스처 등은 전혀 기억이 안 나지만, 그가 복권을 사지도 않고 당첨을 기도했다는 사실에 더 웃음이 나곤 했다. 복권을 사지 않고 당첨을 바란다는 것이 얼마나 크게 웃기는 일인지 살아가면서 알게 됐다. 전혀 노력하지 않으면서 성공하려는 사람들만큼 웃기는 일도 없다. 계획할 뿐 실행하지 않으면서 기회가 오지 않는다고 투정부리는 사람들처럼, 그 모습은 정말 가장 웃긴 개그이다. 금수저, 은수저, 흙수저 이야기하면서, 자신이 흙수저라서 돈이 없다고 말하는 사람들도 나는 아주 조금은 저 개그와 비슷하다고 생각한다.

나는 누가 따질 수 없을 만한 흙수저다. 그래서 아들을 낳았어야 했던 엄마는 셋째 딸인 내가 태어났을 때 아들만 둘 있는 집에서 나를 입양하고 싶다고 하자 그 집에 주겠노라고 했다고 한다. 왜냐하면 2대 독자인 아빠를 위해 다시 아들을 낳아야 했으니 내가 있다는 것은 부담일 수밖에 없었다. 그런데 아빠가 아이를 주기만 하면 가만있지 않겠다고 밥상을 엎어버리는 바람에 날 그 집에 주지 않았다고 한다. 내가 아주 어릴 적 그 이야기를 들었을 때는 그 집에 가지 않고 가족들과 살아서 너무나 다행스러웠지만, 돈맛 좀 알게 된 고등학교 시절에는 날 주지 않은 엄마, 아빠가 원망스럽기도 했다. 아니 때로는 진짜 부자인 부모가 따로 있었다면 하고 상상의 나래를 펼치기도 하고 기도도 해봤던 것 같다.

나는 엄마가 날 떠나있던 초등학교 시절에 소금물에 밥을 말아 먹곤 했다. 혹시 먹어본 사람이 있는지 모르지만, 큰 허기가 진 상태에서 반찬이 없을 때는 맹맹한 찬물에 굵은 소금을 타서 먹으면 백숙 국물 맛이 난다. 나는 지금도 그 맛이 백숙 국물 맛이었다고 기억한다. 그러니 나는 참으로 가난했다. 그런데 나는 그 가난을 끝까지 벗어나지 못하고 결혼을 하며 꼭 350만 원어치 혼수를 했다. 그냥 빈손으로 시집을 갔다고 해도 거짓말이 아닌 만큼이었으리라. 그리고 그때 해왔던 밥그릇과 국그릇이 상하지 않은 것은 지금도 쓴다. 그렇게 흙수저인 상태에서 장애인 부모 밑에서 큰, 더한 흙수저를 만나서 결혼을 했다. 그러니 내가 흙수저 분들에 대해 노력하라고 말한다고 해서 사정을 모른다고만 생각하지 말고 읽어주면 좋겠다.

내가 이렇게 자라고 결혼하고 살아오면서 그 지긋지긋한 가난에서 벗어나기 시작한 것은 사랑하는 내 남편과 아이들에게 행복을 주고 싶은 간절한 마음을 가지면서부터였다. 틈틈이 공부하고, 틈틈이 일하고, 무엇이든 시작한다는 것 자체를 두려워하지 않았다. 그리고 시작함으로 해서 다음 단계의 일을 얻어낼 수 있었다. 그렇게 나와 내 남편은 열심히 살았고 지금은 그래도 소금물에 밥을 말아 먹을 정도는 아닌, 식당에 가서 아이들이 먹고 싶은 것을 과하지 않을 만큼은 주문해 줄 수 있는 부모로 살고 있다.

나는 명품백을 살 때 행복하지 않다. 그냥 그런 것을 사려고 할 때 또는 사고 싶을 때 고민한다. 저것이 과연 나에게 꼭 필요한 것일까 하고 생각한다. 그리고 내가 담고 싶은 만큼 또는 필요한 만큼 들어가나 싶다. 그리고 과연 갚아 나갈 여력이 있는지 고민할 뿐 행복하지는 않다. 그런데 음식점에 가서 두 아이가 '엄마, 나 아직 배고파, 뭐하나 더 먹어도 돼?' 하고 물어볼 때, 흔쾌히 웃으면서 '그럼, 당연하지.' 하고 웃는 상황은 너무나 행복하다.

그냥 그 상황들이 행복하고 아직 갈 길이 멀지도 모를, 아니 어쩌면 가지 못할지도 모를 성공이라는 고지와 완벽한 행복이라는 시간을 떠올리며 고민하기보다는 지금을 행복해 한다. 나는 삶과 일에 도전할 준비를 늘 하고 있고, 또는 도전하고 있으며 어떠한 조건하에도 실행하려는 다짐을 한다. 너무나 힘겨운 시간에는 주저앉아 울기도 하고 더는 못 갈듯이 모든 것을 놓아 버리는 순간도 있지만 그 순간은 그저 그 순간에 충실해서 울고 포기하고 쉬기도 한다.

하지만 내일은 다시 일어설 나를 믿는다. 그러니 나를 막아설 수 있는 것은 내 자신밖에 없다고 생각한다. 그런데 내가 나를 지극히 사랑하기에 또한 내 가족을 사랑하기에, 나는 주저 앉아있는 순간이 있지만, 계속해서 주저앉지 않을 것이다. 일과 삶에 있어 행복과 성공을 향해 가는 동안 나는 행복하고 성공한 사람일 수밖에 없지 않은가!

수저는 그저 수저일 뿐, 그 안에 무엇을 담아 먹을 것인가는 우리의 노력에 달렸다. 어떤 수저인 것이 중요한가? 수저 위에 무엇을 얹어 먹는 것이 우리의 몸에 이롭고 이롭지 않은 것을 결정한다. 금수저만 빨아먹는 사람들의 몰락을 우리는 본다. 그리고 그들이 우리보다 행복하다는 보장 같은 것은 없다. 그러니 지나간 나로 인해 지금 어떻게 할 수 없는 것을 탓하기보다 좋은 것을 생각하고 꿈꾸고 움직이자. 그래서 그 과정 속에 힘겨움도 고난도 겪어내면서 내 자신이 성장하고 있다는 것을 믿자. 그러면 우리의 삶이 결코 결과만을 위한 것이 아닌 것을 알 수 있다. 지금이 우리에게 가장 최고의 순간이고, 다가올 수많은 지금이, 매 순간의 지금이 행복하고 성공한 우리일 것이라고 감히 약속할 수 있다.

고 정주영 회장의 말 중 "해보긴 해봤어?"라는 말을 기억하시는지? 지금 당장 자신의 꿈을 향해, 지난 나를 향해 "해봤어?"라는 물음을 해보길 권하고 싶다.

03 이혼, 독립선언 2

정신적 독립

"뭐야? 지금 내가 놓인 이 상황 뭐지?"

내가 혼자 살면 전구는 누가 갈지? 양육비 안 주면 어떡해? 애들 학원을 끊어야 하나?

이런 고민을 하다보면 결국 우리가 이혼 앞에서 가장 힘겨운 것은 경제적 독립이다. 그 부분은 앞서 글을 써 놓았으니, 우선 무엇이든 시작하시길 바란다는 서두로 끊고, 더 중요할지도 모를 정신적 독립에 대해 이야기하려고 한다.

나는 어릴 적 엄마 곁을 오래 떨어져 있었던 터라, 엄마가 없는 동안 수도 없이 매를 맞던 때에는 늘 날 구해줄 엄마를 기다렸다. 그 기다리는 시간은 길고도 길었다. 그리고 기다리는 사람이 엄마에서 다른 사람으로 변해갔을 뿐, 정신적 독립은 이루지 못했다. 그런 가운데 결혼을 했다. 그 완벽한 구원자로서 역할을 해주던 남편은 내게 하늘과 같은 사람이었다. 그는 나에게 컴퓨터를 가르쳐 줬고, 한글 타자를 연습시켜 주었다. 나는 한타도 못 치던 사람이었는데, 그는 매일 반복되는 예쁘다는 칭찬과 뭐든지 잘한다는 칭찬을 통해 날 성장시켜 주었다. 그런 그는 내게 구원자였으며, 인간을 위해 희생한 프로메테우스 같은 존재였다.

그런 사람이 회사를 다니면서 변해 갔다. 늘 바빴고 늘 늦었다. 그러면서 나는 외로웠지만 그가 집에 들어오는 시간이 있으니 오롯이 혼자는 아니라 믿었다. 나는 이미 혼자였을지도 모를 그 시간 속에도 그는 나의 구원자였기에 외로움이 내 탓이라고, 만족하지 못하는 나의 지나친 욕심 탓이라고 생각했다. 하지만 그것은 틀린 생각이었다. 만족하지 못하는 지나친 내 욕심이 아니라 성숙하게 자라지 못한 나의 정신이 문제의 한 부분을 커다랗게 차지하고 있었던 것이다. 나의 미숙한 정신 상태는 모든 것을 그에게 의지했다. 나는 결혼 후 전구를 갈거나 벽에 못 하나 박아보질 않았고 무슨 문제가 생기면 남편에게 전화를 걸거나 옆에서 소리 지르고 화를 내며 울어댔다. 이 얼마나 철부지 아내였는지 지금 돌아봐도 어이가 없다. 그런 미숙한 나의 모든 실수와 모든 불평을 말없이 받아주던 남편의 반격이 시작된 것이 벌써 4년 전이다. 나는 그런 남편 앞에 망연자실했고 정신이 하나도 없었다. 내가 이루지 못하고 있던 것은 경제적 독립보다 정신적 독립인 것을 그때서야 알 것 같았다.

경제적 어려움보다 더 무서운 것은 정신적으로 독립하지 못한 내 마음이 아니었을까 싶다. 나는 당장 재활용 쓰레기를 매주 비워주던 사람이 없어지는 것에도 짜증이 났고, 아무리 짜증을 내고 화를 내고 울어도 남편은 더욱 폭력적으로 변해갈 뿐 나를 이해하고 칭찬하고 안심시켜 주던 그는 어디에도 없었다. 나와 같은 여성들이 생각보다 많을 것이다. 우리는 마음 깊이 남편을 믿고 의지하고 있다. 내 남편만큼은 바람을 피우지 않는다고, 내게 거짓말을 하지 않는다고, 가정을 깰 리가 없다고 완벽히 믿고 의지하는 경우가 대다수이다. 우리는 착각일 수도, 착각이 아닐 수도 있는 그 마음과 믿음이 우리의 정신적 독립을 약하게 만들고 있었다는 것을 이혼의 위기 앞에서 알게 된다.

독립되지 못한 정신적 상태가 남편을 사랑하고 있다고 착각하게 만든다는 사실도 알아야 한다. 아니 역으로 사랑하고 있으면서 의지하고 있다고 착각하게 만들기도 한다. 그러니 우리가 이혼의 위기 앞에서 갖춰야할 부분은 정신적 독립이다. 내가 나로서 온전하다는 사실을 아는 것이 경제적 독립이 뒷받침되는 가운데 진정으로 필요하다.

정신적으로 독립한 사람은 우선 외롭지 않다. '어차피 인생 혼자 아냐?'라고 말하고 있는 순간뿐만 아니라 혼자여서 평화롭기도 하고 혼자인 것이 당연하다는 것을 안다. 그러니 친구와 이야기하고 있거나 전화 통화를 하고 있지 않아도 허전하거나 외롭지 않다. 나의 존재 가치가 타인의 인정이나 사랑으로 완성되는 것이 아니라 나 자체로서 완전하다는 뜻이다. 내가 명품백을 들거나 외제차를 타야 내 존재가 가치 있다고 생각하지 않는다. 돌려 말했지만, 내 남편이 뭐여서 내 가치가 올라간다고 생각하지 않는다. 만약 내 남편이 법조인이거나 의사여서, 재벌이여서 자신이 유리 천장을 뚫고 올라간 신데렐라라고 생각하고 살았다면 이 위기 앞에서 더 두려울 것이라고 나는 확신한다.

내 가치는 나여서 완벽하다. 그것을 안다면 내 남편이 뭐여서, 내 아이가 일등을 해서, 또는 행복하고 완벽한 가정을 유지하고 있어서 내가 대우 받거나 괜찮은 여자라고 착각하지 않을 수 있다. 그러니까 이혼을 한다고 해서 내가 우습게 보이지 않는다는 것을 알면 된다. 그것이 이혼으로부터 정신적으로 독립을 하는 길이다. 이혼녀가 된다는 것은 쉬운 일이 아니지만 그것으로 인해 내 가치의 존엄성이 무너지지 않음을 확신하길 바란다.

성추행과 성희롱, 수치심과의 전쟁에 대하여

성범죄의 피해자가 되는 순간 여성은 진정한 전쟁을 치러야 한다. 그것도 내 안의 수치심과의 전쟁이다. 이를 겪어보지 않은 사람은 나만의 전쟁이 제2차 세계대전보다 못하다고 말하지 말아야 한다. 아무도 내가 전쟁을 겪고 있다는 사실을 모른다는 사실은 전쟁고아가 되어서 홀로 버려진 것과 같다. 내가 왜 버려졌는지 모르고 그 굶주림과 추위를 홀로 겪어야 하는 상황과 같다. 그것을 이기는 방법은 하나다. '나는 실수하지 않았고 아무런 잘못이 없다'는 것을 '확신'하는 것이다.

내가 이 부분에 대해 첫 마디로 하고 싶은 것은 우선 자신에 대한 확신을 가져야 한다는 것이다. 본인에 대한 확신은 자존감이 강할 때 가능하다. 그런데 성범죄를 당하고 나면 우선 자존감이 무너지고 그 순간에 내 잘못이 없다는 진실에 대해 확신이 사라진다. 아니 자꾸 본인을 의심한다.

처음에는 '내가 뭘 잘못했지?'라는 생각에 머문다. '내가 웃어서 그런가? 내가 술을 먹어서 그렇게 된 건가? 내가 너무 쉬워 보였나? 내가 가난해서 우습게 봤나?' 또는 '내가 입은 치마가 너무 짧았나?'라는 생각까지 하게 만든다. 왜 웃음이 잘못된 것인가? 왜 술을 마신 것이 성범죄를 당해야 하는 요인이 될까? 무엇을 하면 쉬워 보이는가?

교태의 눈빛이 잘못된 것일까? 처음엔 그 남자가 맘에 들어 교태의 눈빛으로 쳐다볼 수도 있고, 당연히 반짝거리는 눈빛으로 웃어 줄 수도 있다. 그리고 가벼운 성적인 농담에 자리가 어색해질까 싶어서 웃어 넘겨준 것이 쉬워 보이는 일일까?

우리는 가벼운 성스러운(?) 농담에도 화를 내며 자리를 박차고 나가면 뒤에서 뭐라고 할지 잘 알고 있다.

"사회생활 못하는 이유가 있었네!"

"사람 그렇게 안 봤는데 꽉 막힌 여자군."

"꼴값하네."

안 들어 봐도 뻔하고 안 봐도 훤하다. 입은 치마가 짧든 말든, 가슴께가 푹 파였든 말든, 벗고 앉든 입고 앉든, 만져달란 이야기가 아닌데, 왜 옷 이야기를 하고 패션 핑계를 대는가? 나는 정말 대한민국의 성범죄를 대하는 사고방식을 죽었다가 깨어나도 이해할 수도, 이해해 줄 수도 없다.

예전에 본 어느 신문 기사가 생각난다. 필리핀에서 온 한 여성이 한국에서 성폭행을 당하고 뒷골목에 하반신이 벗겨진 채로 버려져 있었다. 그곳을 지나던 20대 남성이 하반신이 벗겨져 성폭행 피해에 의해 실신해 있던 그녀를 또 성폭행했다. 그것에 대해 그 남성은 성폭행 혐의로 기소되었지만 형량은 3년도 받지 않았다고 읽었던 기억이 난다.

나를 더 기함하게 한 것은 그 판결문의 일부 내용이었다.

'하반신이 드러나 있는 것을 보고 계획적인 것이 아니고 충동에 의한 우발적 범행이라는 점, 그래서 이를 양형에 고려했다.'

나는 그 기사를 읽으면서 머리끝까지 화가 치밀어 올랐다. 어떻게 여자가 성폭행을 당해서 쓰러져 있는데 하반신이 노출돼 있는 것을 보고 충동적 범행을 저질러서 감형한다? 이것을 법이라고 할 수 있는 것일까? 그 남성이 '충동적'으로 그 여자를 구해주고 119와 경찰에 신고하고 그들이 도착할 때까지 피해여성을 보호한다면 큰일이라도 나는 것일까?

파렴치하기 그지없는 성범죄자를 배가 고파서 빵을 훔친 장발장과 똑같이 취급해 준다니 이게 무슨 법이고 나라인가? 유명한 심리학자 매슬로우는 인간 욕구의 5단계 중 최하위 단계가 식욕과 성욕이라고 했다. 그래서 똑같은 논리로 취급하는 것일까? 이 얼마나 심리학적 원리에 입각한 공정한 법이란 말인가? 이런 나라에서 딸을 낳고 키워야 하고 여성으로 살아가는 대한민국 국민의 한 사람으로서 처절할 정도로 가슴 아픈 기사가 아닐 수 없다.

이 글은 2017년 2월 4일자 한국일보 최윤필 기자의 기사에서 퍼온 문구이다.

당신이 어떤 옷을 입든, 어디를 가든, 기혼이든 미혼이든, 레즈비언이든 아니든, 흑인이든 백인이든 당신이 여성이면 위험하다는 게 진실이다."라고 반박했다. (인디펜던트, 1997.6.19)

어떤 옷을 입건 그것은 성범죄를 당하는 이유가 될 수 없다. 벌거벗고 길을 건너고 있다고 해도, 그렇게 술을 먹은 채 누워 있다고 해도 그녀들은 성범죄를 원해서 거기 그렇게 있는 것이 아니다. 그러한 일을 허용하는 것도 아니고 그런 일을 당한 뒤 손가락질 당할 이유도 당연히 없다.

그토록 뼈아프게 돌아봐도 잘못한 것이 없다는 생각이 든 뒤에는, 급기야 '내가 그 순간 거기 없었다면'이라는 설정으로 간다. 거기 있었던 것 자체가 잘못이 되는 피해자가 가해자를 만든 것 같은 죄의식에 시달리는 것이 여성에 대한 성범죄인 것이다.

내가 나이트클럽만 안 갔어도, 내가 늦게까지 안 다녔더라면, 그 회식에 안 갔더라면, 그 오빠가, 그 동료가, 그 남자가 나오라는 곳에 가지 않았더라면 하고 생각하게 된다. 아니 그렇게 끝없이 생각하자면 태어난 것 자체가 잘못이란 결론까지 가게 되고 결국 죽어야 없어지는 죄 아닌 죄가 되어 자살을 선택하게 되기도 한다.

현대 문명사회는 강간에 대한 '진부한 미신'을 온전히 극복하지 못하고 있다. 범인은 대부분 어두운 골목길에서 복면을 하고 있을 것이라는 미신, 강간범에게 저항하지 않는 피해자는 뭔가 미심쩍다는 미신, 피해자는 어떻게든 다치고 상처를 입어야 한다는 미신, 피해자의 옷차림이나 어떤 행동이 강간의 원인을 제공했으리라는 미신…. 2014년 앨리슨 손더스 검찰총장은 성범죄 사례 및 통계 등을 인용하며 "대다수 강간범은 피해자와 잘 아는 사이이며, 수많은 피해자들이 물리적으로 저항하지 못하며, 사후 감당하는 상처 역시 천차만별이다. 성범죄에 대한 일반적인 이해에 부합하는 경우는 아주 드물다"고 밝혔다. (BBC, 2014.11.12)[1]

위 기사내용 중 '사후 감당하는 상처 역시 천차만별이며 성범죄에 대한 일반적인 이해에 부합하는 경우는 아주 드물다'는 부분이 있다. 영국 BBC 방송에서의 내용임에도 불구하고 세계적인 상황을 이야기하고 있다. 그래도 유럽이라는 곳은 남녀의 차별 폭이 적고, 여성의 성욕에 대한 이해의 폭도, 개방성도 우리나라에 비해 훨씬 넓고 크다. 그러니 대한민국의 여성들의 성범죄의 피해의식은 유럽에 비해 훨씬 어려울 수밖에 없다. 성범죄를 당한 여성은 헤픈 여성이 된다. 피해를 입은 사실을 말하는 순간 들을 수 있는 말은 "네가 어떻게 행동했기에 이런 일이?"라는 답변들이 즐비하게 늘어선다. 그러니 성범죄를 당한 고통을 이야기하는 순간, '나는 헤프게 놀았어요.'라는 말을 하고 있는 것과 같다. 그러니 고통을 호소한다는 것은 내 스스로 내 가슴에 주홍

1 한국일보 최윤필 기자 기사 퍼옴

글씨를 새겨 넣는 것이 된다.

그럼에도 나는 그런 '나의 주홍글씨'를 몇 가지 이야기 해드려야 할 것 같다. 내가 왜 그녀들을 이토록 이해할 수 있는지 알려드리고 싶고, 내가 대처했던 미흡함과 동시에 딸을 가진 옛날 사람인 나의 엄마의 사고가 나를 얼마나 비참하게 했는지, 그 사고로 인해 나는 숨어 다녀야 했고, 숨죽여야 했던 것을 말하고 싶다. 그 숨죽임이 성인이 되어서도 나의 성에 대한 자유를 억압하고 동시에 성을 즐기는 것을 죄악시하게 된 심리적 아픔까지 만들었다는 것을 말해주고 싶다.

나는 아름다운 성을 아름답게 여기지 못했었던 어리석음을 말하고 싶다. 혹여 이러한 고통 속에 있는 분들이 있다면 벗어나는 것을 돕고 싶다. 그리고 혹여 이러한 일을 당하는 딸을 가진 엄마들은 그리 대처하지 않기를 바라기 때문에, 내 스스로 내 가슴에 주홍글씨를 새겨 넣으려 한다.

나는 8살 때, 몸집이 작은 여자아이였다. 그 나이 여자아이들이 그렇듯이 나풀거리는 원피스를 입고 하얀 면 속옷만 입고 팔랑거리며 뛰어 다녔다. 아무도 인정 안 해도 어쩔 수 없지만, 나는 내가 예쁘다고 생각했다. 바가지 머리를 하고 다니고 눈도 지금과 달리 '무無쌍'에 동글한 코와 그냥 햇볕에 그을린 하얗지 않는 피부를 가졌었지만 나는 내가 예뻤다.

내가 첫 성추행을 당했던 그 날은 자주 입을 수 없었던 나풀거리는 하얀 원피스를 입고는 술래잡기를 하다 집으로 돌아왔던 날이었다. (날이 좋아서, 모든 것이 좋았다는 도깨비 대사처럼 그날 내게는 좋은 날로 마무리 될 줄 알았다.) 엄마는 늘 그렇듯이 부엌에서 밥을 하고 계셨고, 조금 있으면 밥을 먹을 수 있는 오후 다섯 시 경이었다. 안방에 들어서니 텔레비전 가까이에 언니 둘과 남동생 그리고 술에 취한 할아버지까지 앉아서 만화영화를 보고 있었고, 나도 텔레비전 가까이 가서 앉고 싶었지만 그 비좁은 방에 넷이나 TV 앞에 옹기종기 모여 앉은 통에 나까지는 불가능했다. 그리고 나는 추운 날 원피스만 입고 뛰어다녀 그런지 몸이 으슬으슬 좋지 않았다. 그렇게 나는 그들 뒤쪽에 가벼운 이불을 덮고 누웠고, 잠시 후 엄마 동네 친구 분의 남편이 내 뒤에 와서 같이 이불을 덮고 누웠다. 그 아저씨는 '우리 정남이 춥니?' 하며 나를 끌어안았고, 나는 그냥 가끔 안아서 그네를 태워주시던 아저씨니 그런 식의 애정표현이리라 생각했다. 그런데 잠시 후에 아저씨의 손이 내 속옷 속으로 들어왔다. 어린 나였지만 그냥 기분이 굉장히 나빴기에 슬며시 일어나서 이불속에서 벗어났다. 그리고는 앞쪽에 앉아있는 언니들 앞으로 왔다. 그러고는 아무렇게나 굴러다니던 동생의 축구공을 잡아 그 위에 앉아서는 왜 기분이 나쁜지 모를 그 기분 때문에 공포심을 느껴서인지 그 아저씨의 얼굴을 쳐다봤다. 그 순간 아저씨는 이불을 슬며시 들어 올리면서 내게 손짓을 하며 자신이 있는 쪽으로 오라고 했다. 나는 불안하고 어두운 얼굴로 고개를 가로 저으면서 싫다는 표현을 했다. 그리고 엄마가 상을 가지고 들어와서 저녁을 먹으면서 그 상황은 마무리 될 수 있었다.

나는 그 느낌이 무언지 몰랐다. 왜 기분 나빴는지 확신이 서지 않았다. 그 아저씨가 잘못한 것이라는 어떤 증거나 물증도 찾을 수 없었고, 그 어린 나이에도 내가 무언지 모를 꼭 나쁜 짓을 한 것 같은 죄책감 같은 것이 들었다. 나는 엄마에게 그것을 표현할 길이 없어서 말할 수 없었고, 그냥 되도록 그 아저씨네 집에는 놀러가지도 않았다. 내 동생과 나이가 같은 여자아이를 가진 그 아저씨네 집에 가끔 놀러가고 그 아저씨의 딸이 나를 보러 놀러왔지만 그 뒤로 나는 그 집에 놀러가지 않았다. 그 뒤로 나는 내가 예쁘다는 생각을 못하게 되었던 것 같다. 그냥 알게 모르게 나의 자책감으로 내가 예쁘다는 것보다는 내 자신이 조금 싫어졌던 기억이 난다. 그렇게 긴 시간 그 아저씨를 피하고 나는 20살이 돼서야 엄마에게 그 이야기를 했고, 나중에 안 사실이지만 그 아저씨는 나를 비롯해 3살, 5살이 많은 우리 언니들도 성추행 했다는 것을 그때 언니들과 엄마와 넷이 솔직하게 이야기를 나누면서야 알게 되었다. 엄마는 그 이야기를 들으면서 지난 일이라며 웃어 넘기셨고, 엄마 친구가 받을 충격을 걱정하셨기에 그냥 묻으라고 하셨다. 나는 나중에, 아마도 2년 전쯤에 엄마에게 말한 것 같다. 나는 그 아저씨를 용서할 수 없다고, 내 눈에 띄는 순간 내가 그 일을 기억하고 있고 용서하지 않는다고 말해줄 것이라고 했다. 법적인 처벌이 불가능하고 물리적으로 어떤 대처도 안 하겠지만 그가 죽는 순간까지 부끄러워하길 바라고 진정한 사과를 받을 생각이라고 말했다.

내가 8살 때 성추행 당한 일을 그 누구도 내 잘못이라고 말할 수 없다. 내가 예쁘다고 생각해서, 나풀거리는 원피스를 입어서라고 말하면 안 된다. 그러니 성추행을 당했다고 해서 그런 비난을 해서는 안 된다. 같은 여성끼리도 그런 비난들을 한다. 자신을 좋아하는 남자는 자신이 예뻐서 좋아하고, 다른 인기 있는 여성들은 헤퍼서라고 말하고 싶어 하는 여성들도 있다. 내가 아닐 때 다른 여성들도 그러한 일을 당하고 싶어서 그런 웃음이나 옷을 입는 것이 아니라는 것을 우리 여성들만이라도 서로 믿어 주어야 한다. 여성들이 마음이 허락되지 않은 성적인 행동들을 당할 때, 그 피해자들은 8살짜리 어린아이와 다르지 않다. 혼란스럽고 무섭고, 어떻게든 그 상황에서 도망치고 싶은 생각뿐이다. 그러니 성인이어서 괜찮지 않냐고 말해도 안 되고, 그녀들의 잘못이라고 이야기해서도 안 된다.

나는 그 당시 확신할 수 없던 것을 지금은 확신한다. 즉, 내 잘못이 아니라는 것을 확신한다. 나는 성인이 되어서도 성추행을 당했고, 풀어가는 방식을 몰라서 정신과에도 가서 말하고 풀어보려고 했다. 정말 흥미로운 사실은 그 성추행에 대한 정신과 의사들의 반응이 남자 의사와 여자 의사가 다르다는 점이다. 여자 의사는 정말 힘들어하는 것을 이해하고 자신도 그런 일을 레지던트에 당한 적이 있고, 여러 여의사들도 겪는 일이기도 하다고 말해 주었고, 공감하고 위로해주고 잘 이겨내고 있다고 위로해 주지만, 남자 의사는 여자가 남자랑 술을 먹는 것 자체가 자신을 허락하는 것이라고 남자들이 오해를 하니 그것이 잘못된 일인 것처럼 말했다. 나는 그때도 나에 대해 확신이 없어서인지, 작은 성추행에도 자책했던 것 같다. 하지만 지금은 아니다. 나는 확신한다. 내 잘못은 없다고 확실히 말할 수 있다.

내가 여성이 일하는 상황에서 성추행과 성폭행에 대해 다루는 것은 여성이 일을 하다보면 이런 일들이 비일비재하게 일어나는 한국 사회의 현실 때문이다. 그리고 그 현실과 더불어 처벌은 솜방망이 수준이며 가부장적인 통념에 따른 사후처사에 대해 우리는 더 상처입기 때문이다.

이 아픈 예들을 더 써야 할지 망설인다. 그 기사들을 접하고 더 두려워질까 싶어서 그 예들을 더 다루고 싶지는 않다. 그 사건들의 예보다 그 사건들을 우리가 어떻게 풀어가야 할지 이야기할 때이다. 우리는 그러한 일을 겪은 후 우선 우리 마음부터 잘 다루어야 한다. 내가 잘

못한 것이 없다는 확신을 가지는 것으로 시작해서 어떤 대응이 더 나은 상황을 만들어 줄지 풀어 가야 한다.

어떤 이들은 그것이 돈을 받아내려는 수작이라고 모함하기도 하고, 그 사건 자체를 여자가 만들거나 요구한 것이라고 주장한다. 하지만 어떤가? 우리가 바라는 것은 진정한 사과이고 우리 가슴에 주홍글씨를 새기지 말라는 가장 당연한 요구일 뿐이다. 그들이 다시는 그런 짓을 하지 않아야 한다는 각성을 하게 만들고, 잘못된 행동에 대해 책임을 물어야 하는 것일 뿐이다. 돈을 받아야 한다면 돈을 받아야 한다. 그들은 자신들의 손해가 직접적으로 보일 때 반성할 확률이 높기 때문이다. 나는 거리에서 성추행에 대한 피해보상으로 돈을 받으면 받았다고 욕하는 이야기를 들어본 적이 있다.

"한 번 만진데 얼마 받았으면 괜찮은 장사네"

이렇게 빈정거리는 이들도 봤다. 그들에게 꼭 해주고 싶은 말이 있다.

"당신의 아내나 딸이어도 괜찮은 장사했다며 웃을 것인가?"

피해자들은 돈을 원하는 것이 아니다. 진정한 사과와 처벌, 그리고 다시는 야만적인 범죄의 피해자가 생기지 않기를 바라는 것이다.

성추행을 하는 사람들이 또 다시 성추행을 하고 강간범이 또 다시 강간을 하고 그것이 결국은 살인에까지 이르게 하는 것은 제대로 된 처벌이 없기 때문이다. 피의자들의 처벌의 강도가 강하다면 그들은 더욱 절제할 수 있다. 피의자들의 재범을 막는 좋은 방법이며 그것이 그들의 삶 또한 더 나은 삶으로 만들어 줄 것이다. 죄를 더 이상 짓지 않을 수 있는 것은 그들과 또 그들 외의 사람에게 함께 중요하고 반드시 필요한 부분이다.

이러한 변화를 이끌기 전까지 현 상황에서 우리 여성들이 일을 하며, 때로는 거리에서 성추행과 성폭행을 당했다고 해도 우리가 반드시 가지고 가야 하는 한 가지 확신은 우리가 어떻게 해서 그런 일이 생긴 것이 아니라는 것을 굳게 믿어야 한다. 우리가 짧은 치마를 입는 것은 나의 아름다움을 드러낼 자유가 있어서일 뿐, 누가 만져 주길 바라서 그러는 것이 아니다. 나의 남자에게 또는 남편에게 아름다워 보이길 바라기 때문이다. 성추행이나 성폭행을 하는 남자들이 절제를 못하고, 자신들의 잘못된 성 지식과 이해를 가진 무지나 욕구로 인해 한 행동을 여성들에게 책임전가해서는 안 된다. 그리고 우리 여성들이 스스로 그 책임을 자신에게 전가해서도 안 된다. 가장 중요한 것은 내 스스로에 대한 자책을 하지 말라는 것이다. 그것이 성 관련 문제에 맞서서 이겨야 할 때, 진정한 사과를 받기 위한 첫 걸음이며 완벽한 준비이다. 조심해서 나쁠 것은 없지만, 조심하지 않았다는 말도 안 되는 소리에 흔들려서는 안 된다. 우리가 정말 경계해야 하는 것은 내 마음의 자책감이다. 만약 성에 관련된 피해를 입었다면 자책 따위는 집어 던지고 확신하자.

'내가 그 시간에 거기 있었든, 술을 마셨든, 어떤 옷을 입었든지 간에 내 잘못이 아니다.' 라는 확신! 우리가 확신하고 서로가 믿어 준다면, 우선 그 인식들의 영향을 받지 않을 수 있다. 그것이 옳으니까, 우리는 서로가 믿어 주고 힘이 되어주어야 한다. 그래야 우리 딸들을 이 땅에서 키워 내면서 불안에 떨지 않아도 되고, 성이 피해를 당하거나 남자의 욕구를 채우는 도구가 아닌, 나눌 때 아름답고 즐거운 것임을 알고, 우리 딸들이 알도록 해주어야 한다. 제대로 된 성에 대한 마음의 인식은 삶의 질과 결혼생활을 더 아름답게 할 수 있으니, 이것은 꼭 딸만을 위한 것이 아닌 아들들을 위한 것이 될 것이고, 그렇게 가정이 아름답게 유지될 수 있다면 사회도 발전이 있을 것이라도 나는 확신에 확신을 거듭한다.

피해를 입었다면 내 잘못이 없음을 확신하고 그 상황에서 또는 대처하는 과정에서, 해결하는 과정에서 더 당당해지자. 나는 이 짧은 한 마디를 하기 위해 앞선 긴 글을 썼다. 당당해지자. 더 당당해지자. 우리 같은 피해자를 더 만들지 않아야 함에 이를 악물고라도 당당해져서 내 자신의 판단에 확신을 가지고 진정한 사과를 받아내자. 한 명, 한 명이 이러한 태도로 이겨낼 때 반드시 사회는 아주 조금씩이라도 바뀌어 갈 수 있다.

조엔 롤링의 말 가운데 "세상이 원하는 기준과 내가 원하는 기준이

다르다고 해서 겁먹지 마라"라는 명언이 있다. 물론 그녀는 <해리포터>를 쓸 때 모두 비웃었고, 거절을 수없이 당하면서 이겨내는 과정의 일을 말하고 있다. 하지만 일과 더불어 여성이 해나가야 하는 많은 과제에 이어지는 말이 아닐 수 없다. 여성에 대한 사회적 편견이 비일비재한 지금의 현실에 우리여성들에게 꼭 필요한 말이 아닌가.

어떤 순간에도 겁먹지 마라.

정말 이혼할 수 있겠어요?

만약 내가 이 책을 출간하게 되면 제목만을 본 분들이 생각할 것이다. '지는 이혼을 한거야, 만거야? 안 한 거면 골 때리네'라든가 또는 '지 이혼했다고 이혼하라는 책을 썼군.'이라든가 아니면 '지는 잘 살면서 이따위 글을 쓴 건 아닐까?' 하는 의심을 할 것 같다. 아니면 '이혼한 것을 자랑하는 거야?' 하는 등등 의심과 화를 내실 분들이 있을 것 같다. 그냥 그렇게 예상이 된다. 그래서 만약 내가 이 책의 출간 뒤에 이 책에서 이혼을 권한다든가 아니면 말린다든가 하는 그런 방향설정을 했거나 하는 느낌을 받았거나 가르치는 느낌이 드는 부분이 있다면, 우선 그 점에 대해서는 사과를 하고 싶다. 하지만 '이혼, 지는 안 한 거면서'라든지 또는 '이혼 한 주제에'라는 비난에 대해서는 절대 사과하지 않을 것이다. 물론 이것저것 다 떠나 가르친다는 느낌이 드는 부분은 무조건 사과하려 한다. 나는 가르치려는 뜻은 전혀 없고 그럴 만한 주제도 못되는 것이 분명하기 때문이다.

하지만 이혼에 대해 비난하는 것에 대해서는 절대, 절대, 절대 사과하거나 부끄러워하지 않을 것이고 그런 말에는 일체 대꾸하지 않을 것이다. 이유는 간단하다. 이혼은 부끄러운 것도 부끄러워 할 일도 절대 아니다.

여러분들은 어떤지 모르겠지만, 나는 10년 이상 된 아내들이 자신의 남편이 완벽하다고 말하거나 완벽히 행복하다고 말하는 것을 잘 믿지 않는다.

'아, 저렇게 생각을 하다니, 정말 좋은 아내고, 좋은 엄마구나.'

이런 생각을 한다. 그런데 그녀들도 자신의 남편이 완벽하지 않다는 것, 그리고 자신이 완벽히 행복하다는 것이 거짓말인 것을 알 것이다.

나는 신혼 초에 완벽히 행복하다고 믿었다. 나는 영원히 저 남자의 완벽하게 사랑스런 아내로 살 것이고 저 남자는 늘 완벽히 날 사랑하리라. 그래서 시부모님들께서 두 분 모두 농아이시고 재산이라고는 임대아파트 보증금 350만원이 전부라는 것을 알면서도 수화책을 사서 배우고 남편의 마음에, 그리고 시부모님들 마음에 들려고 노력했다.

그런데 내가 참 황당했던 것은 수화는 나만 안다는 것이었다. 즉 우리 농아이신 시부모님 두 분은 수화를 못 쓰셨다. 시집가서 나만 수화로 이야기하고 살 뻔했다. 여하튼 그럼에도 불구하고 나는 결혼을 했다. 집안 식구는 모두 반대를 했지만, 나는 완벽한 사랑의 결실이 함께하는 것이라 여겼다. 물론 그것은 나의 어리석음이었다. 사랑의 결실이 꼭 결혼으로 완성되는 것이 아니다. 하여튼 그렇게 결혼했던 나는 늘 남편 자랑을 하고 살았다. 한동안 그칠 줄 몰랐던 나의 남편 자랑은 나의 허함에서 비롯된 것이라는 것을 알기 전까지 늘어졌다. 그 당시 내가 가진 것은 '남편 사랑 하나'뿐이었기에 자랑하는 것을 좋아하는 인간의 본성을 그것으로 채우며 살았다. 주변에서 얼마나 재수 없어 했을 지 상상도 안 갈 만큼 민망하다.

우리 사회에서의 이혼은 '인생의 실패'라는 뜻과 밀접하게 이어져 있다. 사람들은 이혼에 성공(?)한 이들에게 등 뒤에서 이렇게들 말하곤 한다.

'그렇게 좋아서 결혼해놓고 이혼 했다더라.'

'그렇게 신랑 자랑질을 하더니, 실패할 줄 누가 알았겠어?'

이렇게 이혼은 특히나 한국 사회의 여성에게 인생의 실패와 너무나 크게 이어져 있다.

어느 가여운 할머니의 사연을 인터넷으로 접한 적이 있었다. 욱 하고 화가 치밀었다.

<그 할머니는 가난하게 자랐다. 그래서 그 가난을 피해 서울로 올라

와서 일을 하다 처음 만난 남자와 뭔지도 모르고 결혼을 하고 애를 낳았는데 남편이 자꾸 때렸다. 도박을 하기 위해 돈을 뺏어 갔고 그런데도 자식 때문에 그 모진 매를 맞아 가면서도 살았고 그래서 지금 너무 병들고 힘들다.>

흔히 들을 수 있는 신파조의 사연이었다. 인터넷에 올라 온 글만으로는 그 할머니의 자식들이 어떻게 됐는지는 알 수 없었다. 다만 할머니는 아들과 딸들 때문에 참고 살았던 세월의 희생양으로 그려져 있었다.

할머니의 회한에 젖은 말도 소개돼 있었다.

"내가 그 결혼만 하지 않았다면 내 인생은 달라졌을까?"

나는 이 문장을 읽으며 치밀어 오르는 화를 참아야 했다. 내 엄마의 이야기를 보는 것 같아서 더 화가 났을 것이다. 그리고 나는 속으로 읊조렸다.

'아뇨. 할머니, 결혼은 했다고 해도, 자식을 낳았다고 해도, 그 부당함을 참지 않고 결단을 내리고 홀로 섰다면 할머니의 인생도, 밝힐 수 없는 당신 자식들의 인생도 달라졌을 거예요.'

나는 울음 가득한 소리로 속으로 울부짖고 있었다. 차마 내 엄마에게는 하지 못했던 아우성을 그 할머니에게 하고 있었던 것이다.

예전 이혼을 깊이 고려하던 어느 햇볕 좋은 날, 운전을 하고 가는데 불현듯 이런 생각이 떠올랐다.

'아! 이혼하면 합법적으로 도덕적으로 당당히 연애 한 번 더 할 수 있겠구나.'

그러면서 당당히 다시 사랑에 빠질 수 있다는 생각에 기뻐서 혼자 피식 웃었다. 그리고 친구에게 그 이야기를 하니 내 친구가 나보다 더 재밌어 하며 깔깔거린다. 너는 아무도 못 말린다면서, 그 순간이 재미있었던 것은 맞다. 그리고 잠깐의 그런 희망이 좋았던 것 같다. 물론 그 생각이 그리 길게 날 행복하게 하진 않았고, 금방 이혼에 대한 두려움으로 슬퍼졌지만 그래도 나쁜 경우만은 아니지 않을까라고 생각했다. 어쩌면 너무 두려워서 하는 생각이었을지도 모른다.

하여튼 그래도 더 이상 우리의 삶에서 이혼이 인생의 실패가 아니면 좋겠다. 그런데 그것이 실패가 되지 않기 위해서 우린 무엇을 해야 할까? 우리만 어떻게 한다고 해서 달라지는 것이 이혼한 여성들의 삶일까? 아무것도 보장해 주지 않는 이혼한 여성에 대한 정부의 태도, 그것부터 조금만 달라져도 이혼이 실패이기보다 기회일지 모른다는 생각은 나만의 욕심일까?

오로지 여성만을 위한 어떤 강제성을 띤 제도만이 아니라, 이혼한 가정에도 실패라는 낙인보다 건강한 아이들을 키워낼 수 있는 사회적 분위기 조성과 균일한 교육을 희망하는 것은 언제까지 바람으로만 끝나야 하는 것일까?

나는 무엇보다 어떤 상황 속에서도 아이들의 성장이 건강하게 보장

되었으면 좋겠다. 이런 것이 나만의, 또는 우리들만의 욕심으로 끝나지 않고, 국회의 밥그릇 싸움에 그치지 않고 이루어졌으면 하고 너무나 간절히 바라게 된다. 나의 이혼 유무와 관계없이 아이들은 우리의 미래임을 잊지 않는 국가였음 좋겠다는 바람이다.

좋은 변호사 어떻게 선택하나요?

W라 불리는 한 여성의 예를 먼저 들어 보려고 한다. W는 이혼의 위기 앞에서 참 많은 것이 힘들었다. 그녀의 남편은 동창회에서 금융권에 종사하는 한 동창을 만나게 된다. 공무원이었던 W의 남편은 평생 W만이 인생의 영원한 동반자라고 여기고 살아온 남자였고, 다른 여자를 만날 생각은 없었다고 믿게 하는 사람이었다. 그런 그에게 동창회에서 만난 금융권에서 일하던 M이라는 여동창은 집에서 아이들과 살림만 하던 W와는 다르게 느껴졌던 모양이다. 그렇게 잠깐 만나는 사이 그 둘은 선을 넘었고, 그 사실을 알게 된 W는 충격에 휩싸인다. 그렇게 충격에 휩싸일 찰나에 더한 문제가 다가왔는데, 그 문제라는 것이 M이라는 여성은 꽃뱀에 가까웠다. 사귀다가 금융에 가입시키거나 아니면 혹여 그 사실이 밝혀지면 남편의 직장에 알리겠다며 오히려 협박을 해서 돈을 뜯어내는 꽃뱀이었다.

그녀는 M과 협상을 해야 하는지, 아니면 맞서 싸워야 하는지 헷갈려 했다. 그런 와중에 M은 오히려 W가 M을 의심해서 명예훼손을 했다고 하면서, 명예훼손으로 W를 형사고소 한다. W는 정신을 차릴 겨를도 없이 변호사를 동반해서 경찰 조사를 받고 무혐의를 받지만, 돈 요구는 끝나지 않았다. 문제는 남편이 공무원이라서 그것이 약점이 되었다. 그렇게 돈을 내놓지 않으면 공직에 있는 남편을 파면 당하게 하겠다는 M의 협박에 W는 앞이 캄캄했다. 그렇게 끝까지 몰리던 W에게 M은 지속적인 고소를 행하며 공격해왔고 그녀는 망연자실 했다. 결국 W는 M을 협박으로 고소를 했고, 협박에 고소를 당한 M은 기소유예를 받지만 그렇다고 그 협박을 멈춘 것도 아니었다. 이제는 W의 남편의 직장에 전화를 걸며 서서히 목을 조여 왔다. 이런 상황에 있던 그녀는 별수 없이 변호사들을 다시 찾아다녔다. 이혼을 위해서가 아니라 우선은 공직에 있는 남편을 살려야 한다는 생각이 더 강했다. 또한 그것이 아이들을 위한 길이라고도 생각했다. 그러한 가운데 그녀는 많은 변호사들을 만나게 되는데, 그 변호사들을 만나는 가운데서도 상처 입게 되는 것이 사회의 현실이었다.

그녀가 얼마나 힘든지, 얼마나 버거운 지보다는 이윤을 챙기려는 변호사들 사이에서 갈팡질팡했다. 첫 번째 변호사는 상간녀 소송을 권했다. 하지만 협박 가운데 상간녀 소송을 하면 화는 좀 가라앉을 수는 있겠지만 남편의 직장을 지키는 것이 우선인 그녀에게 승소를 한다고 해도 확실한 협박증거를 남겨줄 뿐 진정 이기는 것은 아니었다. 두 번째 변호사는 어떤 지인의 소개로 지방 판사에게 이 사건에 대해 조언을 구하는 자리를 통해 만난, 그 판사의 남편이며 아주 큰 로펌의 파트너 변호사였다. 그 변호사는 먼저 알아본 변호사에 대해 알아봐주겠다며 먼저 선임하려고 한 변호사의 정보를 캐묻더니 W와는 메일로만 사건을 이야기하자면서, 그 주고받은 메일을 먼저 선임하려고 한 변호사에게 모두 송부해서 선임코자 했던 변호사와 W의 사이를 이간질 하고는, 우선 자신 말고는 이 사건을 해결할 변호사는 없으니 남편 직장에 피해가 가지 않게 하고 싶으면 이천만 원에 본인을 선임하라고 최종 협상을 시도해 왔다. 참 어이없는 현실이다. 현직 판사가 지인의 상담을 해주며, 자신이 상담을 해주는 것보다 본인 남편에게 알아보라고 변호사 알선을 돕는 것이 어이없다. 그보다 더 어이없는 것은 경쟁자일 수 있는 변호사의 약력과 모든 것을 알아내서 수임인의 모든 이야기를 여과 없이 전달해서 사이를 가르고 그 사건을 낚아채려는 대형로펌 변호사의 행각이 입을 떡하고 벌리게 한다.

W는 처음에 인터넷을 뒤졌다. 많은 조언들이 난무하고 광고투성이인 법률 조언들 속에서 W는 앞이 캄캄했고, 앞선 변호사들을 만나고 보니 세상이 더 무섭고, M의 돈 요구보다 변호사들이 더 무서워졌다. 광고 안에 있는 변호사들의 조언은 겁을 심하게 준다. 대형병원에서 수술을 하려면 의사가 수술동의서에 사인하라면서 최종적으로는 죽을 수도 있다고 말하는 것과 같을 것이다. 손가락 끝에 바늘이 찔리면

파상풍을 예상하고 파상풍으로 손이 잘릴 수도 있다는 인터넷 조언들이 틀린 것은 아니지만 그토록 겁먹어 움직일 필요도 없는 경우가 더 많다. 법률적 조언들은 변호사 없이는 힘들다고 말하고 있다. 그 변호사는 나여야 하는 이유가 이러이러하다고 말한다. 광고를 내는 것이니 광고 위주의 글을 썼다고 뭐라고 할 수는 없지만, 광고 아닌 듯 도움인 척하면서 가정이 지켜지는 것보다는 변호사 수임과 승소비용에 더 탐을 내는 변호사들을 볼 때면 덜컥 내 상황과 맞물려 어디에도 믿을 곳이 없다는 생각이 먼저 드는 것이 우리 일반인들이다.

이렇게 헤매던 W는 한 지인의 소개로 S로펌의 변호사를 만난다. 그곳 대표 변호사인 K는 그녀에게 그 꽃뱀과 어떤 타협도 할 필요가 없으며 우선 변호사를 수임할 필요도 없다고 이야기해 준다. 그리고 상간녀 소송도 일단 가정을 지키는 것이 우선인 그녀에게 필요한 일이 아니라고 말해 주었다고 한다. 그 꽃뱀이 원하는 것은 겁먹고 돈을 협상하자는 전화일 것이라고 그냥 내버려 두고 평정심을 찾아보라고 권한다. 그녀는 그 변호사 말처럼 우선 평정심을 찾으려고 애썼고 테러와는 협상을 하지 않는 것처럼 그녀도 그 꽃뱀의 테러에 반응하지 않고 3개월을 버텼다. 그렇게 버티자 꽃뱀은 기소유예를 받은 바도 있고 W 남편의 직장에 알리면 기소가 될 것을 염려해서 지쳐 떨어져 나갔다. '만약 M의 요구대로 1억을 주었다면 그 다음해에는 2억이 되어 돌아올 테러가 아니었을까?' 하고 나는 이이야기를 들으면서 생각했다.

참으로 현명한 변호사고 그 말을 믿고 따른 현명한 W가 아닐 수 없다.

내가 이야기를 먼저 하면서 좋은 변호사에 대한 서두를 시작한 것은 이처럼 나쁜 변호사들 가운데서도 좋은 변호사가 존재한다는 것이다. 그 변호사를 찾는 방법은 우선 그 변호사가 겁을 주는 것인지 진심으로 상담해 주고 있는 것인지 알아야 한다. 변호사들은 우선 상담료를 적게는 10만 원부터 50만 원까지 받는다. 우선 일반인은 이 10만 원이 무서워서 무료상담을 먼저 받으려고 한다. 그런데 무료상담은 미끼인 경우가 많으니 결코 좋지만은 않다. 조금 상담료를 지불하더라도 믿을 만한 곳에 가서 상담을 받아봐야 하고, 그 상담료를 아끼기 위해서 가정을 깨려고 드는 변호사는 멀리하는 것이 좋다고 말해주고 싶다. 즉, 변호사를 선임할 경우 선택의 폭을 너무 넓게 할 필요는 없으나, 되도록 광고성 변호사를 찾는 것은 좀 멀리하라고 권하고 싶고, 광고하는 변호사를 찾더라도 그들의 광고 속 조언이 겁을 지나치게 주는 것이라면 한발짝 떨어져서 다시 생각해 보라고 말하고 싶다. 모든 인간관계에서와 마찬가지로 좋은 사람은 진심을 담은 사람이듯이 변호사도 진심으로 상담에 임하는지 보면 된다. 그 진심은 그들의 말속에 숨어 있다. 쉽게 풀어 말하자면, 소송을 부추기는 변호사 또는 지나치게 사건을 부풀리는 변호사는 멀리하라고 권하고 싶다.

04

법률상 이혼

결혼이 행복을 위한 선택이듯이 이혼도 역시 행복을 위한 선택이어야 한다. 앞으로 더 행복해지기 위해 이혼을 하는 것이고, 그렇게 되기 위해 이혼은 '잘'해야 한다.

결혼은 일종의 약속이고 계약이기에 이혼은 그러한 계약을 해제하는 행위로 평가할 수 있다. 다른 예를 들자면 일반적인 거래에서도 계약을 해제하고자 할 경우 거래당사자 쌍방의 '합의'에 의해 해제되기도 하고 또 더 많은 경우 일방 또는 쌍방의 '잘못'으로 계약이 해제되기도 한다는 것을 우리는 안다. 이러한 때, 일반적 거래에서도 대부분은 소송을 통해 계약의 해제를 주장하고 그에 따른 손해배상 등의 청구를 하게 되듯이 이혼에서도 마찬가지이다. 부부가 합의하여 혼인관계를 해소(협의이혼)하기도 하지만, 많은 경우 소송을 통해 이혼에 이르게 된다. 그리고 이혼소송의 과정에서 재산분할, 위자료, 양육권, 양육비 등을 청구하고 다투게 되는 것이 소송이혼의 중심에 해당된다.

이혼을 하는 방법에는 협의이혼과 재판상 이혼이 있다. 부부가 이혼에 합의한 경우에는 협의이혼을 할 수 있고, 합의가 이루어지지 않는 경우 법원에 재판상 이혼을 청구할 수 있다.

협의이혼

부부 사이에 이혼하려는 의사가 있으면, 법원에 이혼신청을 하고 일정 기간이 지난 후 법원의 확인을 받아 행정관청에 이혼신고를 하면 이혼의 효력이 발생하는데, 이것이 협의이혼이다. 협의이혼을 할 때 양육할 자녀가 있는 경우에는 자녀의 양육과 친권에 관한 사항을 부부가 합의해서 정하고, 그 협의서를 이혼확인을 받을 때 법원에 의무적으로 제출해야 한다. 합의가 이루어지지 않는 경우에는 법원이 직권으로 또는 당사자의 청구에 의해 정하게 된다. 위자료나 재산분할에 관한 사항도 부부가 합의해서 정하게 되는데, 합의가 이루어지지 않는 경우에는 법원이 당사자의 청구에 의해 정하게 된다.

• 이혼의사의 합치

부부가 협의이혼을 하려면 진정한 의사로 이혼할 것에 합의해야 한다. 이때 협의이혼은 부부가 자유로운 의사에 따라 합의한 것으로 충분하며 이혼사유(예를 들어 성격불일치, 불화, 금전문제 등)는 묻지 않는다. 이혼의사는 가정법원에 이혼의사확인을 신청할 때는 물론이고 이혼신고서가 인정되어 받아들여질 때에도 존재해야 한다. 예를 들어, 가정법원으로부터 협의이혼의사를 확인받았더라도 이혼신고서가 수리되기 전에 이혼의사를 철회한 경우에는 이혼이 성립되지 않는다. 그러니 그저 홧김에 이혼신고서를 작성했다면 이혼신고서가 수리되기 전에 이혼의사를 철회해야 한다.

• 이혼에 관한 안내

협의이혼의사확인을 신청한 부부는 가정법원이 제공하는 이혼에 관한 안내를 받아야 하고, 가정법원은 필요한 경우 당사자에게 상담에 관한 전문적인 지식과 경험을 갖춘 전문상담인의 상담을 받을 것을 권고할 수 있다. 이혼에 관한 서류 또한 가정법원 홈페이지에서 전부 다운 받아서 작성이 가능하다.

• 숙려기간

법원으로부터 이혼에 관한 안내를 받은 부부는 안내를 받은 날부터 다음의 이혼숙려기간이 지난 후에 이혼의사를 확인받을 수 있다.

1. 양육해야 할 자녀(임신 중인 자녀를 포함)가 있는 경우: 3개월
2. 양육해야 할 자녀가 없는 경우: 1개월

다만, 폭력으로 인해 부부 일방에게 참을 수 없는 고통이 예상되는 등 이혼을 해야 할 급박한 사정이 있는 경우에는 위의 기간이 단축되거나 면제될 수 있다.

면제 신청을 해야 면제가 이루어지는데 그 또한 가정법원에서 다운받아서 작성가능하다. 면제신청을 내고 7일 안에 연락이 없으면, 면제가 되지 않은 것으로 판단된다.

면제 신청이 받아들여지는 확률을 높이려면, 면제사유의 증거를 많이 제출할수록 유리하다.

• 미성년 자녀의 친권과 양육에 관한 합의서 등을 제출할 것

양육해야 할 자녀(이혼숙려기간 이내에 성년에 도달하는 자녀는 제외)가 있는 경우에는 협의이혼의사확인을 신청할 때 또는 이혼의사확인기일까지 그 자녀의 친권과 양육에 관한 협의서 또는 가정법원의 심판정본을 제출해야 한다.

협의이혼하려는 부부가 양육비용의 부담에 대해 합의한 경우, 가정법원은 그 내용을 확인하는 양육비부담조서를 작성하여야 한다. 이는 이혼 시 양육비를 효율적으로 확보하기 위한 것으로, 이때의 '양육비부담조서'는 '채무명의'로서의 효력을 갖는다.

자녀의 친권과 양육에 관해 부부간 합의가 이루어지지 않는 경우에는 가정법원이 직권으로 이를 결정할 수도 있다.

• 이혼신고

위의 요건을 모두 갖춘 후에 이혼신고까지 마쳐야 협의이혼이 마무리된다. 이혼에 합의했더라도 이혼신고를 하지 않은 경우에는 장기간 별거로 사실상 이혼상태라 하더라도 법률적으로는 부부관계가 지속된다.

이혼신고는 부부 중 어느 한 쪽이 가정법원으로부터 확인서 등본을 교부 또는 송달받은 날부터 3개월 이내에 그 등본을 첨부해서 등록기준지 또는 주소지 관할 시청·구청·읍사무소 또는 면사무소에 신고해야 하며, 이 기간이 경과하면 가정법원의 확인은 효력을 잃는다.

• 절차

협의에 의한 이혼은 ① 이혼신청서 제출, ② 법원의 확인기일 지정, ③ 숙려기간, ④ 이혼의사의 확인, ⑤ 협의이혼의사확인서 및 양육비 관련 결정, ⑥ 이혼신고의 순으로 이루어진다. 최초 이혼신청서는 주소지 관할 가정법원에 <협의이혼의사확인 신청서>를 제출해야 한다. 반드시 부부가 함께 출석하여 제출하여야 하고, 변호사라 하더라도 대리인의 출석은 불가능하다. 협의이혼을 신청할 경우 미성년의 자녀가 있다면 양육과 친권자에 관한 결정이 있어야 한다.

법원에서는 이혼에 관한 안내와 함께 숙려기간을 정하고 협의이혼의사확인기일을 지정한다. 숙려기간은 자녀가 있는 경우 3개월, 그 외에는 1개월을 갖게 되고, 숙려기간이 경과한 후 지정된 확인기일에 법원에 출석하여 최종적으로 이혼의사를 확인한다. 법원은 이혼의사와 양육에 관한 사항을 확인한 후 협의이혼의사확인서를 부부쌍방에게 교부하고, 양육비부담에 관한 사항도 함께 교부한다.

이제 부부 각 당사자는 협의이혼확인서를 가지고 행정관청에 이혼신고를 함으로써 법적으로 완벽한 타인이 될 수 있다. 이혼신고는 부부 중 한 사람만 하면 되고, 이혼의사확인서를 받은 날로부터 3개월 이내에 주소지 관할 시청·구청 등에 할 수 있다.

협의이혼을 위하여 '자녀의 양육사항' 및 '친권자'에 관한 사항이 사전에 당사자 간 합의 또는 법원의 심판으로 정해져야 한다. 그러나 부부간 재산문제에 관하여는 법원의 확인사항이 아니므로 재산분할이나 위자료에 관하여 합의가 되지 않았다면 협의이혼 후에도 별도로 소송을 진행할 수 있다.

주의할 점은 재산분할의 청구는 이혼이 성립한 날로부터 소멸시효가 기산되어 2년이 경과하면 시효로 소멸하므로 이혼일로부터 2년 이내에 반드시 청구해야 한다. 유책배우자를 상대로 한 위자료청구의 경우는 위자료 사유가 발생하였음을 알게 된 날(통상은 이혼이 성립된 날을 기준으로 함)로부터 3년 이내에 청구해야 한다.

재판상 이혼

재판상 이혼이란 「민법」에서 정하고 있는 이혼사유가 발생해서 부부 일방이 이혼하기를 원하지만 다른 일방이 이혼에 불응하는 경우 이혼소송을 제기해서 법원의 판결에 따라 이혼하는 것을 말한다.

재판상 이혼은 이루어지는 방법(절차)에 따라 조정이혼과 소송이혼으로 구분할 수 있다.

• 조정이혼

조정調停은 소송과 달리 자유로운 분위기에서 조정 당사자의 의견을 충분히 듣고 여러 사정을 참작해서 상호 타협과 양보에 의해 문제를 평화적으로 해결하는 제도이다. 우리나라는 '이혼소송을 제기하기 전'에 먼저 '조정절차'를 거치는, 이른바 조정전치주의調停前置主義를 채택하고 있다고 한다.

따라서 재판상 이혼을 하려면 이혼소송을 제기하기 전에 먼저 조정을 신청해야 하며, 조정신청 없이 바로 이혼소송을 제기한 경우에는 가정법원이 그 사건을 조정에 회부한다. 이 조정단계에서 부부 사이에 이혼합의가 이루어지면 바로 이혼이 성립되며, 조정이 성립되지 않으면 소송으로 이행된다.

실무상 이혼조정을 신청하는 것은 애초 이혼에 관한 합의가 실질적으로 이루어진 경우이다. 즉, 협의이혼이 가능한 상황에서 이혼조정을 신청하는 것이며, 이혼에 관한 합의가 이루어지지 않은 경우에는 어차피 이혼을 위한 조정이 불가능하기 때문에 형식적인 조정절차를 거쳐서 소송으로 진행된다.

합의에 의한 이혼이 가능한데 왜 이혼조정을 신청하는 것일까? 이는 이혼조정의 절차상 이점이 있기 때문이다.

우선 이혼조정은 법원에 이혼소장과 같은 조정신청서를 제출하고 소송처럼 진행을 하는데, 이 때 변호사를 대리인으로 선임하여 처리할 수 있다. 이혼에 이르게 되어 상대방을 만나 얼굴을 보는 것 자체가 정서상 어려운 상황에서 대리인을 통해 진행할 수 있는 것이다. 협의이혼을 위해서는 반드시 당사자 두 사람이 법원에 참석해야 하지만, 이혼조정신청은 대리인을 선임할 경우 법원출석의무도 없다.

아울러 이혼조정을 통해 합의된 결정문은 이혼소송 판결문과 같은 효력이 있다. 따라서 이혼조정을 통해 결정된 사항들(재산분할, 위자료, 양육권 등)에 대하여는 더 이상 소송으로 다툴 수 없다.

또한 협의이혼을 한 경우 재산분할이나 위자료 등에 관하여 합의서를 작성하였다 하더라도 상대방이 이를 이행하지 않을 경우 그 이행을 별도의 소송으로 청구해서 법원의 판결을 받아야 한다. 재산분할 포기각서를 받았더라도 이혼 후 2년 이내에 상대방이 다시 재산분할 청구소송을 할 수도 있다.

결국 조정에 의한 이혼은 합의이혼을 절차적으로 보완해주는 효과가 있다고 할 수 있다.

• 소송에 의한 이혼

협의도 안 되고 조정도 안 되면, 결국 소송을 통해 이혼을 하는 방법만 남는다. 당사자들이 이혼소송에 이르게 되면 대부분 극도의 분노와 스트레스를 받는 경우가 많다. 이혼사유는 천차만별이고, 때로는 그 어떤 드라마보다도 더 드라마틱(?)한 경우도 종종 있기 때문이다. 아마도 사랑과 전쟁이라는 드라마보다 더하면 더했지 덜하진 않아 보이는 경우도 굉장히 많다.

재판상 이혼의 경우 법원은 가사조사관에 의한 '가사조사'를 실시하게 된다. 이는 각 가정의 생활사정, 혼인생활, 이혼에 이르게 된 경위 등을 구체적으로 조사하고자 하는 것이다. 가사조사관은 당사자 본인들을 면담하고, 필요한 경우 자녀를 면담할 수 도 있다. 가사조사관의 조사내용은 향후 재판상 이혼의 자료로 활용된다.

민법상 재판상 이혼을 청구할 수 있는 사유는 6가지로 정해져 있다. 배우자의 부정한 행위, 다른 일방에 대한 유기(돌보지 않았다는 의미), 배우자 또는 그 직계존속으로부터 심히 부당한 대우를 받았거나 자기의 직계존속이 배우자로부터 심히 부당한 대우를 받았을 때, 배우자의 생사가 3년 이상 분명하지 않은 경우 등이다.

그런데 마지막으로 '기타 혼인을 계속하기 어려운 중대한 사유가 있을 때'라는 것이 있어서 여러 가지 사유로 사실상 혼인생활이 파탄에 이른 정도인 경우에는 재판상 이혼이 인정된다. 실무상으로는 위 특정된 사유가 아니라도 장기간 갈등이 지속되어 이혼을 결심하게 될 정도라면 혼인을 계속하기 어려운 중대한 사유에 해당될 수 있다.

주의할 점은 부정행위로 인한 이혼청구는 안 날로부터 6월, 그 사유가 발생한 날로부터 2년이 경과하면 이혼청구권이 소멸되고, '기타 원인'으로 인한 이혼청구의 경우에도 마찬가지이다.

양육권과 친권 뭐가 다른가요?

'친권'과 '양육권'은 법적으로는 다른 개념인데, '친권'은 부모가 미성년자인 자녀에 대해 가지는 신분상·재산상 권리와 의무를 말한다. 부모는 미성년자인 자녀의 친권자가 되고, 양자의 경우에는 양부모가 친권자가 된다. '양육권'은 '미성년인 자녀를 부모의 보호 하에서 양육하고 교양할 권리'를 의미하지만, 친권이 좀더 포괄적인 개념이라고 할 수 있습니다. 친권의 주요내용으로는 ① 자녀를 보호·교양할 권리의무, ② 자녀의 거소를 지정할 권리, ③ 자녀를 징계하고 법원허가를 받아 교정기관 등에 위탁할 수 있는 징계권, ④ 자녀명의 특유재산에 관한 관리권 및 재산에 관한 법률행위 대리권 등이 있다.

이혼하는 경우 친권자와 양육권자를 부모 중 일방 또는 쌍방으로 지정할 수 있다. 실무상 친권자와 양육권자는 대부분 동일하게 지정하나, 양자를 다르게 지정할 수도 있다. 친권자와 양육권자가 달라지게 되면 친권의 효력은 양육권을 제외한 부분에만 미치게 된다.

보통 '친권을 포기한다.'라는 표현을 쓰기도 하는데, 이는 엄밀히 말하면 '친권의 행사를 포기한다'라는 의미이다. 친권은 그 성질상 포기할 수 없는 권리이자 의무이며, 법원의 친권상실선고로 인한 친권상실의 경우를 제외하고 임의로 포기할 수 없다. 다만 흔히 우리가 말하는 것은 친권의 행사를 포기하는 것이고, 앞서 친권자를 지정하는 것도 친권의 행사자, 즉 누가 친권을 행사할 것인지를 정하는 개념인 것이다.

위자료와 재산분할

재판상 이혼이든 협의이혼이든 과정 중 치열한 갈등을 유발하는 것이 바로 재산분할이다. 그러니까 "결국 돈이었어?"라는 소리들을 하게 된다는 것이다. 평생 사랑한다고 해서 열심히 살아 왔는데 재판이든 합의든 이혼을 하려면 기여도 이야기를 해야 한다. 누가 돈을 버는 것에 더 많이 기여했는가를 이야기 한다는 것이다. 그렇다면 '집에서 아이만 보던 우리는 어떻게 하란거지?'라는 생각이 든다. 그럼 연금도 부어 놓지 못한 나는 어쩌지 싶어지는 것이다. 그래서 재산분할권이라는 것을 행사할 수 있는데, 그것이 참으로 묘하다. 부부간에 번 돈뿐 아니라 진 빚까지 반으로 나누어 가져야 하는 것이 재산분할권이다. 그 중에 상속과 증여 그리고 결혼 전 가져온 비용은 포함이 되지 않는다. 안 그래도 복잡하기 짝이 없는 상황에 재산분할권까지 생각하고 싸우고자 들 땐 머리가 깨질 것 같은 것이 현실이다.

혼인기간 동안 함께 형성한 재산을 누가, 얼마만큼 가질 것인가를 두고 서로 치열하게 싸움을 시작해야 한다. 이혼 시 재산분할의 대상은 혼인기간 동안 함께 형성한 재산으로 배우자가 결혼 전에 취득한 재산, 혼인 중 상속, 증여 등에 의해 취득한 재산은 재산분할 대상에서 제외된다. 하지만 일방의 재산이어도 상대방이 재산 유지와 형성에 기여하였다는 사실을 인정할 수 있는 경우에는 재산분할의 대상이 될 수 있다고 하니 더욱 복잡하지 아니 할 수 없다.

사례를 살펴보면, A씨는 한국에서 강사로 일하고 있던 B씨를 만나 결혼하게 되었다. 이 부부는 10여 년간 결혼 생활을 잘 유지하며 딸과 아들을 낳아 잘 양육해 왔다고 한다. B씨의 사업은 번창하게 되었지만 일이 바빠 가정에 소홀해졌고, A씨는 지방에서 생활을 하며 홀로 자녀들을 양육하면서 너무나 외로웠던 탓에 힘겨워지고 정신적인 병까지 들게 된다. 그 가운데 남편 B씨가 바람을 피운 것까지 안 아내 A씨는 이혼소송을 하게 된다. 우리나라는 유책주의 원칙으로 부부 중 잘못을 한 사람은 이혼을 청구할 수 없다는 점은 이럴 때 좋은 점일 수 있다. 해외 같은 경우는 파탄주의 원칙으로 부부가 결혼생활을 유지할 수 없는 상태라고 생각된 사람은 누구든 이혼소송을 할 수 있기 때문이다. 그렇기 때문에 아내 A는 남편 B에게 이혼청구를 할 수 있지만, 여자가 있다고 해서 남편 B가 아내에게 이혼청구를 할 수 없다. 그런데 문제는 남편이 유책배우자라고 해서 재산분할권을 잃는 것도 아니고, 바람을 피우다 걸렸다고 해서 쓴 재산포기각서 등이 법적으로 효력을 발휘하지 못한다는 것이다. 결국 재산분할권은 5:5인 경우가 굉장히 잘 이루어지는 경우이고, 그렇지 못하고 전업주부로 있을 경우에는 많이 힘들게 재산분할권을 행사하게 된다. 그나마 양심이 있는 남자들은 쉽게 5:5를 하거나, 자녀를 양육해야 하는 아내에게 집과 재산을 많은 부분 양보하기도 한다.

이에 재판부는 부부가 이미 오랜 기간 동안 별거를 하고 있었고 남편의 외도로 부부관계를 회복하기에는 어려울 것으로 보인다며 아내 A씨의 이혼청구를 받아들였다고 한다. 그리하여 아내 A씨가 남편 B씨를 상대로 낸 위자료, 이혼소송의 항소심에서 두 사람은 이혼을 하고 B씨는 A씨에게 재산분할로 전 재산의 반인 5억 원을 주라는 판결과 자녀가 성인이 될 때까지 한 자녀 당 약 80만 원씩의 양육비를 주라는 판결이 내려졌다.

이 경우는 그래도 남편의 잘못이 크기에 이혼소송에서의 재산분할이 원활한 경우라고 볼 수 있다. 아무래도 더 세세하고 어려운 부분들은 각각의 상황에 맞는 재산의 상황이 다르므로 개별적으로 상담이 필요하다고 하겠다.

이혼 가능 테스트

1. 경제적으로 독립가능 하다.	□ 그렇다	□ 중간	□ 아니다	(점수 3. 1. 0)
2. 정신적 독립이 가능하다.(상상을 하건데 이혼 후 남편이 죽었다고 해도 조의금내고 육개장 맛있게 먹을 수 있다)	□ 그렇다	□ 중간	□ 아니다	(점수 3. 1. 0)
3. 양육권에 대해 명확히 결정했다.	□ 그렇다	□ 중간	□ 아니다	(점수 3. 1. 0)
4. 남편에게 너무 화가 난다	□ 그렇다	□ 중간	□ 아니다	(점수 0. 1. 2)
5. 양육비를 반드시 받아야 한다	□ 그렇다	□ 중간	□ 아니다	(점수 0. 1. 3)
6. 아이들을 혼자 잘 키울 자신이 있다.	□ 그렇다	□ 중간	□ 아니다	(점수 3. 2. 0)
7. 아이들을 남편이 키운다고 하면 죽고 싶을 것 같다.	□ 그렇다	□ 중간	□ 아니다	(점수 0. 1. 2)
8. 내가 나와서 독립할 정도의 재산 분할이 가능하다.	□ 그렇다	□ 중간	□ 아니다	(점수 3. 1. 0)
9. 빈털터리로 독립해도 살아갈 자신이 있다.	□ 그렇다	□ 중간	□ 아니다	(점수 3. 2. 0)
10. 지금 일을 하고 있다.	□ 그렇다	□ 중간	□ 아니다	(점수 3. 1. 0)
11. 내 앞으로 들어 놓은 보험이 있어서, 건강으로 인해 손 벌릴 필요가없다.	□ 그렇다	□ 중간	□ 아니다	(점수 3. 2. 0)
12. 지금 결혼생활을 생각할 때, 이보다는 못한 삶은 없을 거라고 확신한다.	□ 그렇다	□ 중간	□ 아니다	(점수 2. 1. 0)
13. 남편이 손찌검이 잦다.	□ 그렇다	□ 중간	□ 아니다	(점수 3. 2. 0)
14. 남편이 없는 편이 더 잘 살 수 있다고 확신한다.	□ 그렇다	□ 중간	□ 아니다	(점수 2. 1. 0)
15. 부모님이 힘들어 하시는 걸 감내할 수 있다.	□ 그렇다	□ 중간	□ 아니다	(점수 2. 1. 0)
16. 주변의 시선이 두렵지 않다.	□ 그렇다	□ 중간	□ 아니다	(점수 2. 1. 0)
17. 아이들의 힘겨움을 지켜보고 위로해줄 수 있다.	□ 그렇다	□ 중간	□ 아니다	(점수 2. 1. 0)
18. 이혼이 아이들에게 더 도움이 된다고 확신한다.	□ 그렇다	□ 중간	□ 아니다	(점수 2. 1. 0)
19. 이혼후 아빠와 엄마로서의 책임은 다할 생각이다.	□ 그렇다	□ 중간	□ 아니다	(점수 2. 1. 0)
20. 시부모님과 관계를 깨끗이 정리 할 수 있다.	□ 그렇다	□ 중간	□ 아니다	(점수 2. 1. 0)

21. 시댁식구들과의 인연이 전혀 소중하지 않다. □ 그렇다 □ 중간 □ 아니다 (점수 2. 1. 0)

22. 나는 남편을 사랑하는 것 같다. □ 그렇다 □ 중간 □ 아니다 (점수 0. 1. 2)

23. 남편을 죽여 버리고 싶을 때가 있다. □ 그렇다 □ 중간 □ 아니다 (점수 2. 1. 0)

24. 아이들에게 남편 욕을 안 하며 살 자신이 있다. □ 그렇다 □ 중간 □ 아니다 (점수 2. 1. 0)

25. 남편이 아이들을 보고자 할 때는 기꺼이 보여줄 만큼 감정제어가 가능하다. □ 그렇다 □ 중간 □ 아니다 (점수 2. 1. 0)

26. 남편의 일에 전혀 관심이 없다. □ 그렇다 □ 중간 □ 아니다 (점수 2. 1. 0)

27. 남편에 대해 어떤 감정도 없고 무감각하다. □ 그렇다 □ 중간 □ 아니다 (점수 2. 1. 0)

28. 남편과 연관된 지인들과 만나도 반갑게 인사할 자신이 있다. □ 그렇다 □ 중간 □ 아니다 (점수 2. 1. 0)

29. 나는 지금 억울해서 죽을 것 같은 심정이다. □ 그렇다 □ 중간 □ 아니다 (점수 0. 1. 2)

30. 지금은 때가 아닌 것 같다고 자꾸 생각이 든다. □ 그렇다 □ 중간 □ 아니다 (점수 0. 1. 2)

31. 이혼녀라는 말만 들어도 겁이 난다. □ 그렇다 □ 중간 □ 아니다 (점수 0. 1. 2)

32. 주변 사람들의 시선이 두렵다. □ 그렇다 □ 중간 □ 아니다 (점수 0. 1. 2)

33. 남편을 사랑해서 벌주는 심정으로 이혼하고 싶다. □ 그렇다 □ 중간 □ 아니다 (점수 0. 1. 2)

34. 남편과의 잠자리는 생각이 날 것 같다 □ 그렇다 □ 중간 □ 아니다 (점수 0. 1. 2)

35. 남편이 날 사랑하는 것 같다. □ 그렇다 □ 중간 □ 아니다 (점수 0. 1. 2)

36. 무얼 한들 지금보다는 나을 것 같다. □ 그렇다 □ 중간 □ 아니다 (점수 2. 1. 0)

37. 이혼 후 남편 욕을 하고 다니지는 않을 것이다. □ 그렇다 □ 중간 □ 아니다 (점수 2. 1. 0)

38. 이혼 후 지난 세월은 깨끗이 잊고, 앞으로의 삶에만 집중할 것이다. □ 그렇다 □ 중간 □ 아니다 (점수 2. 1. 0)

39. 남편 모르게 비상금이 많이 있다. □ 그렇다 □ 조금 □ 없다 (점수 2. 1. 0)

40. 지금 까지 쌓아온 결혼생활에 전혀 미련이 없다. □ 그렇다 □ 중간 □ 아니다 (점수 2. 1. 0)

100점 만점의 테스트입니다. 점수가 어느 정도 나왔는지에 따라 이혼을 하실 수 있는 자신감이 있는 것인데요. 참고 하시기 바랍니다.

Chapter 2

이혼은 하기 싫은 나

01

바람을 펴도 이혼하기 싫다면

어찌 헤어지나? 먹고 살 길도 없고? 이놈이 너무 좋은데...

남편의 바람을 알게 되는 순간 우리는 눈이 뒤집힌다.

"어떤 년이야?", "어떤 년이냐고?"

"그년이 그리 좋던? 모가 좋아? 모가 그리 좋든?"

이 정도면 양반이다.

"니가 사람이니? 니가? 내가 너한테 어떻게 했는데, 니가 나한테 이럴 수 있어? 이 짐승만도 못한 놈아!"

사람이니까 그 짓도 하는 것을 뭐하려고 물어보나 싶지만 자꾸 그 소리가 입에 붙어서 안 떨어진다. 그리고 짐승들에게도 미안하다. 이렇게 한 바탕 미친 듯이 싸움을 하고 나서는 머리가 멍해지면서 별 생각이 다 든다.

'내가 뭘 잘못했지? 살쪄서 그런가? 잠자리가 별루였던 걸까? 하긴 내가 너무 못해준 게 사실이긴 하지.'

이렇게 자책을 시작한다. 그냥 수순이다. 1.2.3처럼 순서가 매겨져 있는 수순 말이다.

그렇게 물어보고는 다시 자문자답을 시작한다.

'맞아, 내 잘못도 있어. 내가 너무 애들만 챙기니까 외로웠던 거야.'

'돈 버는 것도 힘들고, 그래 일단 정신을 차리자. 우선 가정을 지켜야해. 애들이 무슨 잘못이야.'

이 말은 백퍼센트 진실이니 확신에 차서는 다시 묻고 답한다.

'애들이 아빠 없이 자라게 할 수는 없잖아. 그리고 당장 뭘 해서 돈 벌건데.'

만약 일을 하고 있다고 해도 이런 생각이 든다.

'내가 버는 돈만으로 지금 생활을 유지하는 건 힘들어.'

'대한민국 양육비 지급명령이라는 게 강제적인 부분이 아니잖아. 안 주면 어찌돼?'

'받을 길도 복잡하고 너무 힘이 들 텐데.'

'맞아 정신 차려야 해. 그리고 무엇보다 지금 이혼해 주면 누구 좋은 일 시킬 일 있어?'

대부분 이렇게 결론을 내린다. 아니 내릴지 모른다. 그러고는 수습

하려 하지만 무엇을 어찌 수습해야 할지도 모를 만큼 정신이 없다. 왜냐면 분노에 휩싸여서 도무지 이성적인 판단이나 행동이 불가능해지기 때문이다.

그리고 바람피운 남자들이 하는 대처법이란 것이 참 우습게도 늘 똑같다. 그런 자식들 머리에서도 생각이란 것을 하기 시작한다.

'아씨, 좀 더 조심할 걸. 아, 내가 너무 대놓고 미쳐 있었어. 핸드폰 비번 좀 잘 관리할 걸. 그건 그렇다 치고, 우선 이걸 어쩌지? 이혼도 안 하고 그 여자도 다시 만나거나 아님 문제없이 정리할 시간을 가져야 하는데...'

그들의 머릿속도 복잡해진다.

참으로 어리석은 생각 중 하나가 핸드폰 비밀번호 관리인데, 잘 관리한다고 될까라고 스스로 다시 물어봐야 한다. 예전 지금은 고인이 된 코미디언 김형곤 씨의 코미디 중에 이런 멘트가 있었다.

"아니 뚝섬에 왜 나가 놀아서는 비밀을 만들고 난리야. 비밀은 만들지 않는 게 제일인데. 왜 비밀을 만들어서 힘들게 살아?"

비밀이 없으면 핸드폰 비번 관리 안 해도 되는데 왜 비번을 만들게 살고는 들켰다고 힘들어 하냔 말이다.

내가 아는 지인 중 C는 남편의 핸드폰 비번을 백 번도 넘게 풀어냈다고 한다. 물론 어떤 날은 바로 풀어 내기도 하고, 점점 시간이 흐르면서 일주일도 걸리고, 한 달이 걸리기도 했지만 결국 풀어냈다고 한다. 이상한 낌새를 느껴서 증거를 잡자고만 든다면 못할 것이 없는 것이 아내들이라는 것을 남자들은 너무 모르고 산다.

아내들은 가정을 지키기 위해서는 밤을 새워 싸울 수 있을 만큼 가정을 지키는 것이 절실한 존재들이다. 남자들은 졸려서 못하고 때론 아내들의 하이톤 목소리 데시벨을 견디지 못해서 못하기도 하지만 우리 아내들은 다르다. 그것을 간과하는 남편들은 절대 아내를 이길 수 없다. 그러니 핸드폰 비번을 아무리 잘 잠근다고 해도, 우리는 핸드폰 비번을 풀어 증거를 확보할 뿐 이미 진실은 심증에 가득한 상태에서 비번을 푸는 것이니 못 풀 리 만무하다.

생각해봤자 수준이 뻔한 남자들의 수습 수순은 의외로 간단하다. 첫째, 그냥 바람도 유지하면서 가정도 유지할 방법을 찾는다. 그런데 대부분의 경우 실패로 끝난다. 왜냐? 바람녀도 여자이기 때문이다. 둘째, 마누라에게 빌면서 시간을 벌고 바람녀도 문제없이 정리할 방법과 시간을 벌려고 한다. 이때부터 똥줄 탄다는 표현이 적격 아닐까 싶다. 왜냐면 남자들이 생각보다 겁이 많다. 셋째, 이판사판 갈 때까지 가자. 이혼하고 바람녀에게 가서 새롭게 살자. 이 정도가 바람피운 남자들의 지혜로운(?) 대응 태세다.

어느 경우가 가장 나쁜 것일까? 가정에도 조강지처에게도 가장 안 좋은 케이스는 세 번째 케이스라고 할 수 있다. 아내 입장에서는 갑작스런 남편의 바람에 무너진 자존감으로 자신감은 씨가 말라 있기에 시작할 수 있는 용기조차 없어진 상태가 된다. 그리고 무엇보다 너무나 억울하다. 그래서 세상 허무한 가운데 토끼 같은 아이들의 초롱초롱한 눈망울을 바라보기만 해도 가슴이 쓰려 무너질 것 같다.

첫 번째 케이스가 안 좋다고 여기는 분들도 있고 제일 나쁜놈이라고 생각할 수도 있지만, 저렇게 사는 남자들이 너무 많다. 바람을 걸리고도 본처를 데리고 10년 가까이 사귄 애인의 별장을 빌려 여행가서 그 애인이 준비해둔 삼겹살하고 콩나물무침에 밥 먹자고 하는 남자도 있다. 그 본처는 나와 친한 분인데 나보다 열 살 정도 나이가 많고 그녀는 그렇게 살아가는 것이 화가 나지만 아니 이제는 화도 나지 않는다고 무감각하다고 말한다. 그저 묵묵히 가정을 지키는 것이 최선이라고 생각한다.

그리고 아이들을 위해 최선을 다해 산다. 물론 남편에 대한 존중도 버리지 않고 화가 나면 욕도 하지만 여전히 남편의 사랑에 목 말라한다. 말은 아니라고 하고, '먹고 살길이 없어서'라고도 하고, '아이들을 위해서'라고 하지만, 내가 지켜 본 그녀는 먹고살 능력도 있고 자신의 삶을 충분히 개척해갈 강하고 아름다운 여성임에 틀림이 없다. 그리고 50대인 그녀는 활짝 웃을 때면 20대처럼 예쁘다. 나는 그녀와 그녀 남편에 대해 이야기할 때면 그녀가 그 삶을 고수하는 이유와 그 마음이 느껴진다.

그녀가 그 남자 곁을 지키는 많은 이유들 가운데 가장 큰 이유는 그 남자를 사랑하고 있기 때문이다. 그녀가 정말 그 가정을 지키는 것이 그녀의 말처럼 다른 이유라면 나는 그녀를 바라볼 때 마음이 덜 아플 것 같다. 그녀는 그 남자를 아직 사랑한다. 그녀가 계속해서 그를 사랑하는 이유는 굉장히 간단하다. 그 남자의 완벽한 사랑을 얻지 못하는 데서 오는 목마름이다. 완벽히 사랑받지 못해서 완벽히 돌아서지 못하는 것이다.

그래서 그녀는 자신의 아름다움을 보지 못하고, 그 남자의 평가에 길들여져 자신을 낮게 바라본다. 그렇게 또 다른 사랑을 찾을 수 있음을 포기한 채 산다. 그리고 그것이 최선이라고 포장한다. 어쩌면 그녀에겐 그것이 최선이니 누가 무어라 조언하고 행동하라고 말할 수 없다. 그녀의 삶을 누가 평가할 자격이 있는가? 그 길은 그 누구도 가본 적이 없는 길이다. 그녀만 아는 그녀의 삶이다.

그리고 두 번째 케이스는 영리한 남자이다. 깨끗이 정리하고 가정도 지키는 방법이 최선이기 때문이다. 예전에 들은 이야기 중 이런 이야기가 있다. 상간녀가 당신 남편과 바람을 피우고 있으니 물러나라는 말을 하려고 본처를 불러냈다. 그 사실을 안 남자는 그 자리에 30분 정도 늦게 나와서는 나오자마자 이야기 나누고 있는 상간녀의 뺨을 내리치며 소리쳤다고 한다.

"야 너 같은 게 어디서 내 와이프를 나오라 마라야? 미쳤어?"

그러고는 본처를 데리고 그 자리에서 나왔다는 이야기를 들은 적이 있다. 참으로 보기 드문 '나쁜놈'이며 '영리한 놈'이다.

본처는 상간녀와 남편이 긴 시간 만났다는 것과 그 둘 사이에 있었던 많은 사실을 알게 됐지만 그 순간 속이 시원하고 모든 화가 풀리는 기분이 들었다고 했다. 물론 상간녀는 죽고 싶었겠지만 '자승자박' 또는 '인과응보'이니 그녀는 그리 당해도 싸며, 스스로도 다시 새로운 삶을 사는 계기가 됐을 것이니 좋은 경험에 속한다고 나는 생각한다.

마지막으로 가장 어리석고 힘든 상황은 가정을 버리고 바람녀에게 가는 세 번째 상황이다. 이유는 남편의 바람 앞에 풍전등화 같은 입장에 놓인 가정을 지키고 싶은 아내의 참담함 때문이다. 몰랐으면 차라리 나았을 것 같고 그랬으면 남편이 가정을 버리기까지는 안 했을 텐데 싶어진다. 갑자기 생활비는 어찌 벌며, 내가 돈을 번다고 해도 갑자기 애들하고 나만 어찌 사나 싶다. 애들을 데려간다고까지 하면 나는 애들까지 못 보면서 어찌 사나하고 앞이 깜깜하다. 그리고 소송을 해야 하는 상황이면 없는 형편에 변호사는 어찌 선임하나 싶다. 돈이 있다고 해도 남편이 바람나서 가정 깨진 내 팔자가 사나운 것 같아서 창

피하다. 친구들한테 잘난 척하고 살았는데 누구한테 하소연하나 싶고, 남편에게 자존심 버리고 매달려 봤자 바람녀에게 눈 뒤집힌 그놈이 정신 차리지 않는다면 정말 최악이다.

이럴 때, 상간녀들이 등장하며 던지는 그 한마디는 아내를 완전하게 죽인다.

"그러기에 남편 잘 관리하지 그랬어요?"

그 유명한 K양이 감독의 아내에게 던진 그 한마디 말이다. 그 말은 상간녀들끼리 돌려가며 연습을 하는 것인지, 대사를 나눠 쓰자고 계약을 맺은 것인지 어찌 천편일률적으로 똑같이 어두부터 어미까지 똑같은지 놀랄 지경이다. 하긴 거기 나와 욕까지 하는 상간녀도 많다 하니 욕 안 하는 애들이 그나마 착하다는 말이 나올 정도이다.

<엄마의 전쟁>이란 제목으로 인간극장에 출연하려고 했던 두 아이의 엄마가 있다. 그 여자는 사실 두 아이가 있는 가정을 깨고 남편을 뺏어 가정을 꾸린 여자였다. 그 프로그램에 아름답게 소개될 그녀의 방송은, 예고편을 본 전처 동생들이 인터넷에 그녀의 과거 사연을 올리면서 방영되지 못했다. 울산에서 축구클럽은 운영을 하는지 아닌지 모르지만 어쨌건 가정을 깬 <엄마의 전쟁> 주인공인 그녀는 방송이 방영되지도 못한 채 유명인이 되었다. 나도 못지않은 호기심으로 그녀를 검색해 봤고, 그녀가 아이 둘을 목욕시키는 장면이 캡처 되어있는 것을 보았다. 두 아이 엄마 같지 않은 앳된 예쁜 얼굴이었다. 그런

데도 나는 그녀의 인상이 참 좋지 않다고 느꼈다. 그녀가 남의 가정을 깬 여자라는 인식 때문인 것 같았다. 만약 그녀의 과거를 알지 못하고 그 프로가 방영되어 내가 그 프로를 보았다면 아마도 그녀가 참 예쁜 아이엄마이고 열심히 사는 것에 대해 좋은 감정이 들었을 것이다.

그녀는 자신을 어떻게 받아들이고 있기에 그런 방송에 출연을 결심한 것인지 잘은 모르지만 아마도 지금쯤이면 먹고 사는 것이 녹녹치 않음은 알 것이다. 그래서 방송을 통해 축구클럽을 알려서 돈을 벌고 싶었을까? 아니면 지금은 그 가정을 깨트렸을 당시 전처 아이들이 받았을 충격은 기억나지 않고, 자기 자식들을 키우는 자신의 모습이 엄청 자랑스러웠던 것인지도 모르겠다. 하지만 그 모습을 봐야 할 전처와 전처 아이 둘의 마음을 티끌만큼이라도 헤아렸다면 그 방송 출연을 고사했어야 했다. 남의 가정을 깰 때는 아가씨였을 때이고(그녀도 저 대사를 했으리라), 사랑이 전부여서 앞뒤 가리지 못했을 그녀였겠지만, 지금 두 아이의 엄마가 된 그녀는 그러면 안 되는 것이었다.

그렇지만 왜 그녀만 공개되고 비난받는지 우리는 다시 생각해 봐야 한다. 남편은 그녀가 아무리 아름답고 이제는 자신의 아내여서, 그리고 자신의 두 아이의 엄마여서 사랑스러울 수도 있지만 그렇다고 해도 대체 무슨 생각인가? 뇌가 있기는 한 것인가? 지금 그 두 번째 아내의 아이들도 사랑스런 자신의 아이지만 전처의 아이 둘은 자신의 아이가 아닌 것일까? 뇌가 없지 않고서야 그런 방송을 버젓이 허락한 그 남편이란 작자는 뭐하는 인간인가? 왜 그녀만 비난 받는가? 가정을 버리게 한 것만이 전부가 아니다. 그도 가정을 버린 것이다. 왜 그녀의 얼굴만 공개되고 그녀의 인상이 나빠 보이고, 그녀만 비난받는지 모르겠다. 가장 잘못한 인간은 그 남편이다.

여자가, 아내가 정말 힘든 것은 남편의 바람 앞에서 당하는 고립감일지 모른다. 마치 무차별적인 전쟁터에서 바위 뒤에 혼자 숨어 아무것도 할 수 없는 것 같은 정신의 고립이다. 그런데 우리가 이렇게 정신적 고립에 시달리는 것은 아이들 때문인지, 내가 아직 그를 사랑하기 때문인지, 어디 가서 먹고 살길이 없어서 인지 모르지만, 어쨌건 바람피운 남편이 아직 좋다면 우리는 그 배신이 가장 힘든 것이다. 나는 그를 사랑하는데 그가 나를 사랑하지 않는다는 것, 그것이 우리를 가장 고립된 상태로 만들고 불쌍하게 만든다. 그럼 우린 어떻게 해야 할까? 그가 아직 좋다면, 그가 가정까지는 안 버린다고 한다면, 용서만 해달라고 한다면 우리는 마음을 어떻게 다스려야 할까? 아니 그 바람녀를 선택하고 이혼을 하겠다고 하면 우리는 어떤 행동을 취해야 할까?

우선은 시간을 주어야 하고, 가져야 한다. 그것이 가장 빠른 해결책이다. 이혼을 하지 않으려면 '상간녀 소송' 같은 것은 하지 말아야 한다. 그 소송은 이혼이 결정되고 나서 해도 되고 이혼 후에 해도 된다. 어떤 변호사들은 상간녀 소송을 부추긴다. 자신의 수임료를 챙기기 위해서 그녀가 가정을 깨고자 하는 의지가 없는데도 그것이 가정을 지킬 수 있는 길이라고, 그렇게 하면 상간녀가 떨어진다며 거짓말하기도 한다. 완전한 거짓말이 아닐 수도 있지만 정말 많은 경우 상간녀 소송과 더불어 남편은 상간녀의 편에 선다. 자신이 꼭 약자를 보호해야 하는 것 같이 생각하고 영웅심리가 그때 발동하는 것이 아닌가 싶다. 소송은 남편이 상간녀의 영웅이 되는 기회를 열어줄 수도 있다.

그가 아직 좋다면, 어렵지만 그가 영웅이 되는 길은 진정으로 사과하고 가정을 지키는 길임을 알려주어야 한다.

"정말로 그게 가능해요? 어떻게 하면 돼요?"

이렇게 묻고 싶은 사람들이 많을 것이다.

남자들은 영웅이 되고 싶어 한다. 늘 누군가에게 인정받는 꿈을 꾸며 산다. 그래서 동물적인 욕구 말고도 인정심리에 의해 바람을 핀다. 그러니 그 결정이 이미 어긋난 상황에 놓여서 끝이라고 알게 해서는 안 된다. 그에게 시간을 주라고 말해주고 싶다. 그리고 자신에게 물어보라. 그를 다시 사랑할 수 있는가? 아니 가족의 일원으로서 존중할 수 있는지 물어보아도 좋다. 우리 나이는 '무슨 사랑이 밥 먹여 주냐?' 싶은 나이 아닌가? 그러니 가족으로서 다시 존중하고 함께 하기에 괜찮은지 물어보라. 그럴만한 가치가 있어서 그렇게 하겠다는 판단이 선다면, 시간을 주고 시간을 가져보면 좋겠다. 아니 그럴 가치가 없어서 이혼해야겠다고 당장 마음을 먹었어도 급히 서둘지 말라. 이혼은 서두르지 않아도 우리가 손해 볼 것은 당장 크지 않다.(재산 빼돌리지 못하게 확보하는 정도는 해두면 좋다. 그 시점을 중심으로 이름을 바꾸어 놓는 경우가 있으니 그 시점에 대한 기록은 분명히 해두어야 재산을 빼돌렸다고 해도 찾아올 수 있다.)

시간을 가져보라는 것이 꼭 별거를 하라는 것은 아니다. 한 집안에서도 화 내지 않고 지내보는 것이 좋다. 그에게 중심을 두지 말고 평상시 같은 내 삶에 집중해서 생활해 보면 좋겠다. 너는 해보았는지 물어보겠지만, 나도 남편이 싫어서, 때로는 지금도 너무 싫을 때 날 다스려 본다. 저 남자가 중요한지 내 자신이 중요한지 생각하고, 다시 저 남자보다 내가 내 아이들을 더 사랑하는 것이 맞다면 아이들의 마음을 더 헤아려야 한다고, 그리고 나는 지금 이순간도 행복해 하는 것이 맞다고 생각하고 말하고 행동하려고 애쓴다. 애쓰다 보면 그렇게 살고 있는 순간들이 대부분이다. 그러니 우선 자신에게 집중하고 그에게 집중하여 기분 나쁜 것을 드러내서 그에게 위로 받으려 하지 말고 시간을 가지면 좋겠다.

그에게 시간을 주는 것보다 중요한 것은 내가 시간을 가져보는 것이다. 내 인생에서 가장 중요한 사람이 '나'라는 사실과 내 아이들의 인생이 '지금의 상황에서 겪은 감정'들에 크게 지배되어 산다는 것을 생각해야 한다. 그러니 우선 본인 자신을 위해 시간을 가져보길 진심으로 권하고 싶다. 그러다 보면 정말 중요한 판단을 할 수 있는 힘과 때를 결정하고 선택해서 후회하지 않을 수 있을 것이라고 말하고 싶다.

위 세 가지 중에 어떤 경우에 들더라도, 우선 세상에서 내가 가장 소중하다는 점을 잊지 말고, 정말 한 시각도 이 사실을 놓지 마라. 그래야 남편이 하는 행동에, 횡포에, 감정에, 우리가 휩쓸리지 않을 수 있다. '내 삶을 지키려면?'이라는 질문을 계속하라. 견디는 시간 속에 질문을 그것으로 하고 내 삶을 지키고자 하는 이유를 생각하고, 남편보다 아이들을 더 사랑한다는 평상시의 준엄함 고백을 다시 일깨워라. 그리하면 지금 당신의 남편이 진심이라고 생각하는 나쁜 행동들에 대해 어느새 진심이 아니었다고 고백하는 것을 듣게 될 것이고, 곧 후회하게 될 것임을 확신해도 좋다. 그리고 본인을 위해 결정하고 본인의 행복이 아이들에게 행복을 가져다주는 가장 좋은 결과를 낳을 것이라는 점을 잊지 말고 살아가길 진심으로 권한다.

02

가정 폭력에도 이혼하기 싫다면

얼마 전 내 지인이 이혼을 했다. 그녀의 이혼 사유는 남편의 가정폭력이었다. 나는 꽤 깊게 그 이혼에 관여할 수 있었던 사이였기에 이혼을 적극적으로 도왔다. 소송 없이 합의가 이루어지도록 그녀의 남편을 설득하고 또 설득했다. 물론 그들은 이미 정이 떨어질 대로 떨어진 상태였고, 바람까지 피우던 그녀의 남편은 자의로 이혼을 합의로 진행했다. 그리고 내 지인은 숙려기간을 면제 받기 위해 가정폭력의 증거를 모아 놓았던 것을 제출했다. 그렇게 숙려기간 면제를 받고 빠르게 이혼이 확정됐다.

아이가 둘이나 되는 그녀는 3세와 5세인 아이 둘을 데리고 홀로서기를 시작했다. 그녀는 무척 경제적으로도 힘든 상태이고 기댈 곳 하나 없다. 여기가 포인트다. 그럼에도 불구하고 그녀는 그런 폭력적인 상황에서 벗어나기로 결정했고, 그녀의 아이들을 전쟁터에서 나오게 하기로 결심했다는 점이다. 우리는 가정폭력 앞에서 이러저러한 핑계를 대기에 바쁘다. '그럼 지금 나보고 어쩌라고? 난 기댈 친정 하나 없고, 먹고 살 길도 없고, 그렇다고 애들을 아빠 없는 아이로 키울 거야?'라고 반문하고 주변에 묻고 다시 생각하고 그렇게 내가 불안하지 않는 쪽을 선택하고, 내가 원하는 쪽으로 결정을 하면서, 애들 때문이라고, 먹고 살길이 없어서라고 스스로를 위로하고는 그 환경에서 안주하고 만다. 절대 안주할 수 없는 그곳에 머무르면서 그것이 최선이라고 결정 내린다.

나는 가정폭력 앞에서도 이혼하기 싫은 분을 위해 이 글을 쓰면서도 그것만큼은 "안 된다"라고 말하고 있다. 가정폭력에 굴복해 사는 것은 함께 굶기를 선택하는 것보다 더 나쁜 선택일지도 모른다. 굶어보지 않고서 그런 말을 하지 말라고 말하는 사람도 있겠지만, 사실 나는 수도 없이 굶어봤고, 엄마의 뼈아픈 눈물을 수도 없이 보고 살았다. 나는 우리 엄마가 60에 이혼 이야기를 하실 때도, 이혼을 해야 한다고 권했다. 엄마는 또 이런저런 핑계를 대면서 이혼을 하지 않았지만 나는 강력히 이혼을 권했다.

이유는 단 한 가지! '엄마가 행복해하지 않아서'였다. 엄마 나이 60에도 가정폭력이 있었다는 것이 아니다. 젊은 시절 가정폭력을 되뇌면서 계속해서 괴로워했기 때문이었다. 엄마는 수도 없이 되뇌면서 자신을 괴롭혔고, 나를 괴롭혔고, 내 언니들과 동생을 괴롭혔다. 엄마의 힘든 시절을 함께 봤고 함께 겪었던 나는 그 이야기를 들어 드리는 게 효도라고 생각하고 참으면서 지냈지만, 아마도 그것은 고문을 겪는 수준의 힘겨움이었다고 말하고 싶다. 왜냐하면 그 시절을 함께 겪지 않아도 들으면 괴로울 이야기를 다시 들으면서 그 전쟁터에 놓여야 했기 때문이다.

엄마는 그냥 아빠를 사랑했다. 그 시간까지 그 나이가 되도록, 그 많은 일을 겪으면서도 아빠를 사랑했던 것임을 왜 나는 그때는 몰랐을까 싶다. 엄마가 괴롭다고 말하지만 아빠 곁에 있는 것이 엄마가 살고 싶은 최선이었다는 것을 알았다면 그 당시 나는 덜 힘겨웠으리라 생각된다.

엄마가 사랑 외에 다른 선택을 하지 못한 이유가 있다면, 아마도 다른 선택이 세상에 존재하지 않는다고 생각했을 것 같다. 이혼해서 혼자 살아가면서 좀 더 힘들더라도 폭력 속에서 멈추어 있는 것보다는 훨씬 나은 선택임을 모르셨으리라 생각된다. 우리는 우리가 할 수 있는 선택의 폭이 좀 더 넓다는 것을 몰라서 그곳에 머문다. 이 사람이 아니면 다시는 없을 사랑일 것 같아서, 또는 이 사람이 아니면 날 먹여 살릴 남자가 없을 것 같아서 그곳에 머무는 경우가 많다. 다시없을 사람인 이유는 단 한 가지 그저 내 아이의 생물학적 아빠라는 사실인데 우리는 그 사실을 간과하거나 그 사실만 중요하게 생각해서 판단하는 오류를 범한다는 것이다.

앞서 말한 얼마 전 이혼한 그녀의 이야기를 이어가자면, 그녀는 직장을 구하기 위해 공부하기 시작했고, 구하기 전에는 파트타임을 해가며 아이들을 케어하고 있다. 그녀의 삶이 어떻게 풀려갈지 나는 모른다. 그리고 나는 책임지지는 못한다. 하지만 한 가지 명확히 알 수 있는 것은 그녀의 아이들의 얼굴이 밝아지고 있다는 것이고, 그녀의 얼굴에서 더 많은 웃음기가 서려있다는 사실이다.

그러니, 가정폭력에는 반드시 이혼을 하라는 말이 아니다. 지속된 가정폭력을 빠르게 잡을 수 있는 것은 빠른 대처이다. 그것이 이혼이 아니라 법적인 방법이든, 의료적인 치료이든, 심리적 방법이든 간에 대처를 빠르게 하고 가정폭력에 대항하고 대처할 것이라는 것을 남편에게 알려야 한다. 그렇지 못하다면 서류정리를 한 후 벗어나자는 생각보다는 우선 그 현장에서 벗어나기를 바란다. 우선 그 집에서 나와야 한다는 것이다.

국가의 지원을 적극 이용할 수도 있다. 여성쉼터라는 곳도 운영을 하고 있고, 법률적인 무료상담도 가능하다. 그리고 아이들 양육에 대한 개인 부담도 국가적 차원에서 많은 부분이 바뀌어 가고 있다. 그러니 이런저런 이유로 무조건 전쟁터의 포성 속에 아이들을 방치하지 말고 용감하게 껴안고 그 자리를 박차고 나오라고 강력히 권하고 싶다.

내가 아는 또 다른 여성 H는 서울에서 생활을 하다가 남편의 지방 발령으로 인해 지방으로 이사를 한 뒤부터 가정폭력에 시달리게 됐다. 그녀의 아이들은 그 당시 3살, 5살이었으며 그렇게 시작된 가정폭력은 아이들이 초등학교에 이르러서도 가끔 일어나곤 했다. 그녀를 위해 싸워줄 그 무엇도 없다고 느낀 시절(한 20여 년 전의 일이다)이었으니 경찰이 온다고 해도 가정문제라 남편을 잡아가지도 않았고 도움을 주기보다는 싸우지 말란 소리나 듣고는 또 다시 맞아야 했다. 그럼에도 불구하고 가정을 깰 용기가 없던 그녀는 어느 날 남편의 폭력이 시작되는 순간 죽기 살기로 맞서 싸웠다고 한다. 남편이 때리면 그녀도 때리고 닥치는 대로 같이 때려주었다고 했다. 그 후 남편은 폭력을 멈췄다. 그 가정폭력이 멈추어서 그들은 행복하냐고 묻는 이가 있다면, 결코 그렇지는 않았다고 말해주고 싶다. 우선 너무나 오랜 시간 가정폭력에 시달렸고, 그저 가정을 유지하는 것에 중심을 두던 그녀는 가정을 지키고, 아이들을 아빠 없는 가정에서 키우지 않는다는 마음으로 지내지만 그 둘 사이는 이미 남이나 다름이 없다. 어찌 폭력 앞에 사랑이 남을 수 있겠는가? 날 때리고 또 때리는 이를 사랑하고 그 마음을 이어갈 수 있는 사람은 아마도 없지 않을까?

내가 런던서 생활을 할 때의 일이다. 어느 집에서 가정폭력이 일어났고 그 집에 경찰이 5분 만에 출동했다. 경찰은 세 명이 출동을 해서 아이와 엄마를 함께 두고 아빠는 분리시킨 채 그 집에서 2시간 동안 인터뷰를 진행했다. 런던의 경찰관들은 그녀와 아이에게는 웃음을 주려 노력까지 하며 긴장감을 풀어주려고 함께 많은 이야기를 나누면서 서서히 사실여부에 대해 부드럽게 물었다. 그 후 직접적인 폭력은 없었고 그저 그러려고 시도했다는 사실만을 알고도, 그들은 남편에게 강제로 감옥으로 갈 것인지 스스로 호텔로 가서 잘 것인지를 선택하라고 했다. 그리고 48시간 안에 아내 허락 없이 이 집에 들어오면 구속될 것이라고 경고를 하고 남편이 집을 나가는 것을 확인한 후에야 그 집에서 나와 경찰서로 돌아갔다고 했다.

이런 정부 태도의 차이가 가정폭력으로 죽어가는 여자들과 아이들을 줄여나가고 있다고 이야기를 듣던 나는 생각했다. 미국의 부장판사인 모겐스턴은 이렇게 이야기 한다.

"길거리에서 여러분을 누군가 때린다면 경찰서에 신고를 하고 잡혀가게 할 것이다. 그런데 그 일이 가정에서 일어났다고 해서 왜 당연시되어야 하는가?"

폭력이 가정에서 일어난다면, 길거리에서 일어나는 것보다 빈번할 것이고 그저 신고하고 다시는 있을지 없을지도 모를 길거리 폭력보다 더한 공포 속에 놓이는 것임을 우리는 잊어서는 안 된다.

가정폭력에도 이혼하고 싶지 않다면, 서류상 이혼이 아니라 할지라도 우선 폭력이 일어나는 그 현장에서 벗어나야 한다. 폭력은 어떠한 경우에도 정당화될 수 없고 허용해서도 안 된다. 그러니 가정 폭력이 일어나고 있다면, 당장 호적상 이혼이 어렵다면 그 집에서 나와 생활해 보는 것을 권한다. 그리고 그래도 가정이 유지되는 것을 원한다면 남편의 치료를 권해보고 치료의 상황을 지켜보며, 그 후에 이혼 유무의 의사 결정이 이루어져도 좋지 않을까라고 말하고 싶다.

03

남편의 도박, 술, 약물 등 여러 가지 중독에도 이혼하고 싶지 않다면

참 힘겨운 선택이다. 어쩌면 바람을 피우는 남편을 둔 것보다 백만 배쯤 더 힘든 싸움이 시작되는 것이다. 술이나 도박의 중독으로 일을 하든, 안 하든 간에 문제는 돈을 가져오지 않는다는 것이고 그것을 내가 메우며 살아야 한다는 것이니 가장 힘든 선택이 아닐까 싶다. 그런데도 이러한 선택을 한다는 것은 남편을 버리기 미안해서 일 것이다. 어떤 것에 중독이 되었다는 것은 자신의 의지라기보다는 어느 순간 병든 자신을 인지하지 못하고 있어서일 가능성이 더 높다. 그러니 남편을 버리면 그의 삶이 저렇게 중독으로 끝이 나서 결국은 고독사 할 것 같아서 차마 버리지 못하는 분들도 있으리라 짐작된다. 아니, 어쩌면 아이들에게 아빠 없는 가정을 만들어주고 싶지 않아서라고 변명할 것이기에 더 열심히 살아갈 준비를 할 것이다. 그러니 억장이 무너질 뿐 아니라 몸 또한 더없이 고된 길일 것이라 생각된다. 그런데도 이런 선택을 하신 분들께 이혼을 하라고 강력히 말하고 싶지 않다. 그것을 선택을 했다면 그만한 이유가 있기 때문일 것이다. 그렇다면 이러한 가운데서도 이혼을 하지 않고 가정도 지키고, 아이들도 건강히 지키려면 어떻게 해야 할까? 만약 어떠한 중독에도 폭력을 쓰지 않고 온건히 중독에만 빠져 있다면야 그나마 문제가 덜 되겠지만, 만약 중독으로 인한 폭력이 동반 된다면, 이 결정도 다시 번복해야 한다.

나의 먼 친척이었던, S는 도박중독으로 집을 나갔다. 그녀는 다시 돌아오지 않았고 결국 소송 이혼을 당하고 만다. 그 전에 그녀를 찾아 헤매던 그녀의 남편을 보았을 때 '저러다가 저 남자가 먼저 죽겠구나.' 하고 생각했다. 얼굴은 초췌했고 그녀가 있을만한 도박하우스란 하우스는 모두 들락거렸다. 어떤 마음이었을까? 지금 돌아보면, 그녀에 대한 걱정이기도 했지만 그녀가 계속해서 지고 있는 빚에 대한 염려도 함께였다고 생각된다. 그녀에게 그는 치료를 권했고 함께 하려 했지만, 그녀는 그와 하던 가게와 차까지 저당 잡히고 집까지 날아간 후에야 망연자실 집에 앉아 있었고, 그 가운데서도 가정을 지키려고 했던 그 남자는 다시 그녀가 집을 뛰쳐나간 뒤에야 이혼을 준비했고 그렇게 소송으로 이혼을 했다.

참으로 안타까운 것은 이들 부부가 사랑하지 않아서 서로에 대해 책임지기 싫어서라기보다는, 책임지기에는 너무 버거워서 그렇게 헤어졌다는 사실이다. 나는 그들의 결혼식 전날 함께 있었다. 결혼 축하를 해주기 위해 모인 자리에서 그들은 무척이나 행복했고, 서로가 서로를 선택한 것을 자랑하기에 바빴다. 어찌나 함빡 웃던지 그 웃음에 나는 지금도 미소가 지어진다. 그런 그들이 이혼을 하기까지 얼마나 힘겨웠을까? 도박에 빠진 그 여자가 미쳤다고 손가락질 할 이들도 많으리라 짐작한다. 하지만 그녀는 그 도박에 중독될 줄은 모르고 시작한 것이리라. 그러니 그녀도 잠시 잠깐 하고 만다는 것이 거기까지 이르게 된 것이라 짐작한다. 그러니 그들이 서로 싸우고 미워해서 헤어지는 선택보다 힘들었을 것이라 생각되고, 지금 도박으로 이혼을 생각하고 있을 어떤 분들에게도 이러한 갈등이 가장 크게 적용되지 않을까 싶다.

그렇다면, 도박이나 약물 또는 여러 중독에도 이혼하지 않으려면, 우리는 무엇부터 해야 할까? 우선 치료를 권해야 한다고 다시 이야기하고 싶다. 치료를 권해도 되지 않는다면 차라리 처벌로 감옥에 들어가 있도록 해서라도 끊게 해야 한다. 그렇지 않으면 함께 지옥 속에서 차라리 죽는 게 나은 삶을 연명해 가는 것 말고는 방법이 없다. 우리는 드라마 속에서 마약에 중독된 이들의 엄마가 또는 아내가 그 남자를 신고하고 감옥으로 보내는 장면들을 보게 된다. 그것은 그들이 아들이나, 남편을 포기해서가 아니고 살리기 위해서 보내는 것이다. 약에서 계속 빠져나오지 못한다면 그들은 결국 그렇게 약에 의해 죽게 될 것이기 때문이다. 나는 가까이서 이런 사례 또한 본적이 있다. 아내에 의해 감옥에 들어간 어떤 이는 감옥에서 약을 끊고, 나와서도 치료를 하겠다는 의지를 보였고 그렇게 치료를 계속해감으로써 가정은 다시 화목해 졌다. 예전처럼 건강히 일을 하는 것은 아니었지만, 그는 가족을 위해 궂은일도 마다하지 않았고 커가는 중학생 아들을 바라보는 것이 가장 행복하다고 말하곤 했다. 그의 아내도 자신의 선택이 옳았다고 그 선택을 한 자신을 대견해 했다.

이처럼 어떠한 중독은 '병'으로 보아야 한다. 병들었다고 해서 가족을 쉽게 포기해서는 안 되기에, 여러 가지 중독이 된 남편과의 이혼을 망설인다고 생각된다.

그렇게 아직은 이혼을 하지 않겠다는 결론 속에 있다면, 자신의 결단에 확신을 가지고 움직이길 바란다. 그가 치료받게 해야 한다는 확신을 가져야 한다. 견디는 것은 그다지 권하고 싶지 않다. 견디며 살아가는 것이 인생이라고들 착각하는데, 사실 인생은 견디는 것이 아니다. 인생은 그 삶을 즐기는 데, 그리고 즐거이 여기는 데 의무가 있다고 해도 과언이 아닐 만큼 아름답다는 것을 깨달아야 한다. 그런데도 그냥 가정만 지키고, 호적에 이름 석 자 같이 있는 것에 목을 매고는, 그냥 견디어 가면서 끝이 나는 삶이 되어서는 안 된다. 선택했다면, 그 선택을 이어가기 위한 가장 최선이 무엇인지 생각하고 바로 행동해야 한다. 어떠한 중독도 최선은 치료 외에는 없다. 그러니 함께 치료하고, 치료를 따라와 주는 남편과 가족들에게 감사하며 지내기를 바란다고 말하고 싶다.

만약, 술을 즐긴다고 해서 그것이 중독이라고 여기거나 하지는 않았으면 좋겠다. 많은 남자들이 담배에 중독되어 있고 그것이 해롭다는 것을 알면서도 치료받진 않지만, 성실하게 일하지 않거나 폭력적으로 되지는 않는다. 그러한 정도로도 심각히 고민하지는 않길 바라며, 중독은 함께 치료해 가는 것이 최선이며, 그 치료의 시간들을 감사히 여기는 마음으로 주체를 남편이 아닌 나와 삶에 대한 감사로 두고 이겨내 가길 바란다. 예수님은 자신의 뺨을 내어주고, 예수님께 침을 뱉어서라도 가정을 지키는 것이 더 소중하다고 말씀하셨다. 그러니 가정을 지킬만한 이유가 있다면, 그 의지가 꺾이기 전까지의 선택에 후회하기보다는 감사하길 권한다. 그리고 그 문제 해결을 향해 쉬지 말고 달려가야 한다.

04

"나야? 시댁이야?"

분노를 부르는 선택 질문

얼만 전 어느 여성이 질문이 해 왔다. "저는 둘째 며느리인데 시집을 큰며느리보다 먼저 오고 고생을 많이 하며 시집살이를 해왔는데, 3년 전 들어온 큰 며느리인 형님은 시집살이도 안할 뿐 아니라, 명절 때도 아주버님이 주방 일을 돕는다며 왔다 갔다 하실 뿐, 형님은 낮잠을 자고 있어요. 이 문제로 남편과 많이 싸우게 되네요. 어떻게 하면 좋을까요?" 한다.

나는 되물었다. "시부모님께서 그걸 그냥 이해하시는 건가요?" 그 둘째 며느리가 말을 이어가기를 시부모님께서는 큰며느리는 몸이 약하니, 착하고 건강한 네가 하는 게 맘이 편하다고 말씀 하신다는 것이다. 그런 저런 이야기 중에 아주버님의 직업은 변호사이고 큰며느리는 치과의사라는 것이다. 나 또한 그런 이야기를 들으니 그 집안의 시부모님께서 큰며느리가 전문직을 가지고 있어서 더 예뻐하는 것은 아닌가 싶어졌다. 시댁 식구들과 모이는 날에 늘상 집에서 밥상을 차리고 청소를 하는 것은 다 둘째 며느리인 그녀의 몫이고, 큰며느리는 본인이 먹은 밥그릇 하나조차도 싱크대로 옮겨놓지 않는다는 것이다.

하지만 진짜 문제는 그릇을 누가 싱크대에 옮기는가의 문제라기보다는, 그 상황들을 가지고 집으로 돌아와 남편과 크게, 그리고 매번 부부싸움을 한다는 것이라고 본인 또한 결론을 내리고 있었다.

남편은 형님이나 시부모님께 그런 불만을 이야기하거나 해결해줄 수 없다며 짜증을 낸다는 것이다. 그 현실에 대해 그 둘째 며느리는 남편이 나보다 시댁식구들을 더 사랑한다는 것이고 그 사실이 너무나 화가 난다고 말했다. 그래서 예전 어느 날에는 남편에게 물었다고 한다. "나야? 시댁 식구들이야? 말해!"라며 소리를 질렀다고 한다.

이 말을 듣다보니, 나도 어느 땐가 기억도 나지 않을 그 시절 남편에게 똑같이 물었던 기억이 났다. 그 순간 처세술 뛰어났던 남편의 대답은 당연히 나를 선택한다면서 그런 것을 물어 뭐하냐고 웃었다. 그 뒤로 나는 그 질문을 다시는 한 적이 없고, 이제야 나는 남편이 당연히 시댁을 선택한다는 것을 깨달았지만, 그 결론이 화가 나거나 슬프진 않다. 남편에 대한 사랑이 식었거나 피가 물보다 진하다는 옛 속담이 진리임을 깨우친 득도(?)의 결과 일 수 있다.

하지만 어쨌든 간에 이 질문이 얼마나 어리석은 것인지 풀어가고 싶다. 남편은 어느 쪽도 선택할 수 없는 상황에 놓인다는 사실에 화가 나는 것이지 아내를 선택하지 않겠다는 결론도 시댁을 선택한다는 결론도 내리지 못할 수밖에 없다는 것을 말해주고 싶다. 물론 아주 직설적으로 당연히 "우리 부모지 너겠냐?"며 되받아치며 상처를 주는 사람들도 있고, 진짜 처세술에 능하거나 유대교 랍비의 지혜를 가진 남편들은 "당연히 당신이지. 그걸 질문이라고 해?"라며 대답하고 그 순간을 벗어나서는, 부모님 앞에서 선택을 강요받을 땐 "당연히 어머니죠?"라고 웃어 드릴지도 모른다.

이러한 두 가지 극단적인 선택을 내리는 분들을 제외하고는 모두들 화를 낼 것이라고 나는 자신한다. 얼마나 화가 나겠는가? 자장면 먹을지 짬뽕 먹을지 고민할 때도 그토록 힘이 드는데, 내 반생을 같이 살아가거나 살아왔을 아내와 내가 존재하게 해준, 날 그토록 뼈저리게 사랑하며 키워주신 부모님 중에 하나를 선택하라니 대체 얼마나 힘이 들겠는가?

일을 하는 분들은 아시겠지만, 아니 집안일도 마찬가지로 무슨 일을 하든지 내가 힘이 들 때는 도망치고 싶거나 다 때려치우고 싶거나 하는 게 인간이다. 그런데 그토록 힘든 순간에 놓이면서 화가 나지 않을 사람이 있을까? 화가 나고 대답해도 아무 결론이나 이득도 없을 질문을 왜들 하는지 우선 나는 그 점이 답답할 따름이다. 나도 그것을 물었던 시절의 마음을 되돌아보면, 그 질문을 하는 이유는 단연코 하나의 이유로 종결된다. '너 이 세상에서 날 젤 사랑하는 거니? 어서 그렇다고 말해.'가 들어 있다고 본다. 나도 그저 세상에서 널 제일 사랑해라는 의미를 되새기고 싶어서 그 질문을 했었다. 그냥 시댁 식구들이 미울 때는 그 질문이 하고 싶어지기도 하지만, 결론은 그들보다 날 더 사랑한다고 말해를 강요하고 있는 것뿐이다.

그냥 남편에게 '난 당신 사랑해'라고 말하고 '너도 그렇지'라고 물어보는 질문이 낮 간지러워도 차라리 싸움으로 이어지는 '나야? 시댁이야'보다는 훨씬 나은 것 아닐까? 나는 지금 막 중3이 된 아들을 키우고 있다. 어느 날 그 아이에게 내가 물었다. "아들, 나중에 장가가서 미래의 아내가 엄마랑 본인 중에 누군가를 선택하라고 하면 어쩔 거야?" 키가 180cm에 신체적으로는 다 장성한 내 아들은 망설임 없이 대답을 했다. "허, 참, 기가 막혀서, 만약에 나한테 그렇게 물어보면 당연히 엄마라고 말할꺼야! 지(미래의 아내)가 나한테 뭘 해줬다고 그런 걸 물어? 되게 웃긴다. 날 키워주길 했어? 학비를 줬어? 지가 왜 그런 걸 물어? 당연히 엄마지!"라며 강조까지 해준다. 으하! 그 순간에 그 뿌듯함이란 이루 말할 수 없었다.

물론, 내 아들이 진정으로 성숙한 성인이 되어 결혼을 한 후 그런 질문을 받을 때 아내에게 상처 주기 싫어서, 랍비의 지혜를 발휘하게 될 것이라는 사실을 안다. 그리고 나는 아내 앞에서는 "물론 당신이지!"라고 답하고, 내 앞에서는 그런 질문조차 받은 적 없는 듯 행동해 주길 바랄 뿐이다. 혹여 내가 나이 들어 그런 노망난 질문을 한다면, 그 순간 아들이 며늘아기 안 들을 때 귀에다가 살짝 "당연히 엄마지요"라고 속삭이기만 하면 된다. 그러한 마음임에도 불구하고, 나는 그 질문을 했을 때의 그 아이가 답변한 말이 새삼 떠오르곤 해서 미소가 지어진다. "지가 나를 낳아주길 했어? 키워주길 했어? 학비를 대주기를 했어?"라는 말이 정말 새록새록 떠오르곤 하기 때문이다. 그 기억이 떠오를 때면 내 아들 학원비 대고, 먹이느라 힘들게 돈 버는 것에 대한 보상을 받는 느낌이 든다.

만약 아들이 있는 분들, 아니 딸을 가진 분들이 생각해 볼 때, 내 아들과 딸들이 시집 장가를 가서 그런 질문에 시달린다면 어떠할까? 그 질문은 그저 관계를 나쁜 쪽으로 극에 치닫게 할 뿐 전혀 필요 없는 질문이다. 부모는 내가 생겨 날 때의 내 몸이었던 사람들이다. 그리고 그들과의 모든 기억이 내 머리 속에서 지워질 수 없는 추억이거나 상처인 사람들이다. 그래서 세상은 부모를 버리는 사람들을 향해 천륜을 저버린 패륜이라거나 입에 담을 수 없는 욕들을 던진다. 그러니 그 질문은 꼭 담배같이 백해무익하다.

우선 나는 둘째 며느리의 물음에 이렇게 답했다. 우선 형님과 이야기 나누라고, 아주버님이 부엌일을 같이 하시는 것은 감사하지만, 아주버님과 둘이 부엌일을 하는 것이 많은 부분 불편하고 어려우니 부엌일이 많을 때는 같이 해주면 좋겠다는 뜻을 전하는 것이 필요하다고 말했다. 그리고 시부모님께도 섭섭하다면 차별받고 싶지 않다고 말해야 한다고, 그리고 더는 그 문제로 남편을 괴롭히지 않는 것이 더 좋지 않겠느냐고 말했다.

시댁 이야기를 듣는 남편들은 거의 대부분 모두 화를 낸다. 아니면 오랜 세월 그것을 담아두었다가 결국엔 터트리는 시기가 오고 만다. 그럼 시댁식구들과 직접 이야기하면 며느리들인 본인들이 더 괴롭지 않으냐고 묻고 싶은 사람들도 있으리라 생각된다. 그건 이야기가 조금 다른 것이 날 괴롭게 하는 것은 그들이니 그들과 풀어가는 것이 맞는 것이라고 이해를 구하고 싶다. 날 괴롭게 하는 이들에게 직접 이야기하면 그들과의 벽이 조금은 생기고 당장은 힘이 들겠지만, 우선 남편은 덜 괴롭힐 수 있는 장점도 있을 뿐 아니라, 그들이 조금은 생각할 수 있는 시간도 줄 수 있다고 나는 믿는다. 사람과 사람 사이에 어떻게 문제가 없을 수 있겠는가? 두 사람의 뜻이 한결같이 같은 친구가 있다면, 둘 중 하나는 간신배라는 말도 있다. 긴 세월 속에 긴밀하거나 자주 부딪치게 되는 관계 속에서 문제가 없을 수는 없는 것이 세상사는 이치이다. 만약 시댁과도 모든 것이 좋다고 말하는 이들이 주변에 있다면, 그 대답을 하는 순간에만 진실이고 나머지는 거짓일 것이라고 감히 말하고 싶다. 그러니 나만 시댁과 문제 있고, 형님과 시동생과 시아주버님과 또는 시누이와 문제가 있어서 시댁 복도 지질이도 없다고 한탄할 일이 아닌 것이다. 모든 문제는 문제에 집중하기보다는 해결방법에 더 힘을 기울여야 한다는 것이 내 생각이다. 서로간의 문제가 있을 때, 순간순간 고르고 평안히 말하고 조금씩 목소리를 내어 간다면, 그 누구라도 세월 속에 서로 조금씩 더 조심하고 양보하게 되는 것이 사람들의 자연스러운 관계심리이다.

우리나라 속담에 '누울 자리 보고 다리 뻗는다.'는 속담이 있다. 그 속담의 속뜻은 그럴만한 곳에 그럴만한 행동을 한다는 뜻이다. 그런데 우리나라 며느리라는 존재가 예부터 그다지 제대로 존중받지 않는 자리로 이어져 왔고, 지금 이 시대는 달라진 것이라고 말해도 여전히 부당한 시부모님들은 존재한다. 그러니 그들이 며느리는 누울 자리로 생각하거나, 아니면 많은 며느리 중 그나마 곱게 아무 군소리 없는 며느리에게 더 많은 부담과 일을 지우는 것이 인간의 속된 심리인 것이다.

여기에 꼭 맞서서 싸워야 한다는 뜻이 아니다. 앞서 말했듯이 고르고 평안히 내 뜻을 전해야 한다는 이야기이다. 결국 싸움으로 이어지고 마는데, 무슨 소리냐고 반박하는 사람들도 있으리라. 하지만 이야기하는 동안에는 표정은 어두울지라도 목소리를 높이거나 하지 않도록 조심하고, 침착할 수 있도록 해야 한다. 누구나 큰 소리에는 화가 나게 되어 있고, 흥분하게 되니 소리는 높이지 않도록 하자. 그럼 그쪽에서 소리 높일 때는 어떻게 하냐고 묻는다면, 그래도 우리는 소리 높이지 않아야 뜻을 전할 수 있을 뿐 아니라 내 뜻이 관철될 것이라고 말씀드리고 싶다. 나는 농아이신 시어머니와 의견 충돌이 있을 때는 인상을 쓰기보다는 표정은 평안히 그리고 글에는 힘을 실어 편지를 써서 드리곤 했다. 그럴 수밖에 없는 것이 나의 시어머님은 귀가 안 들리시고 말씀은 가능하셨던 터라 화를 내고 말을 빠르게 하시고는 내 말은 안 듣겠다는 의사로 고개를 벽으로 돌려버리시곤 해서 나는 예의바르게 글을 쓰는 것을 선택했었다. 글은 소리 지르지 않을 수 있고 적절한 단어 선택을 생각해서 쓰고 전할 수 있기에, 여러모로 갈등의 해소에 장점을 지녔다고 볼 수 있다. 그래서 그렇게 편지를 드리고 나면 어머님은 다시 답장을 주시곤 해서, 서로의 갈등 상황을 조금씩 풀어갈 수 있었고, 어머님이 돌아가신 어느 날에 나는 몇 날 며칠을 눈물로 지냈다. 많은 갈등이 있던 시어머니셨지만, 나는 솔직히 따라 죽지 않을 만큼 슬펐던 기억이 난다. 그렇게 슬플 수 있었던 것은 갈등을 조금씩 풀어가는 편지 안에서 서로를 이해하고, 조심해 가는 시간들이 있어서 가능하지 않았나 싶다.

다시 논점으로 되돌아가서, 그 많은 구박도 이겨내고, 부당함도 이겨냈는데 그 부당함을 말하면서 굳이 소리 높여서 버릇없고, 예의 없는 며느리나 동서가 되기보다는 냉정하고 침착하게 그리고 따뜻하지만 격조 있는 단어와 말투로 이야기를 할 수 있다면 갑자기는 아니어도 조금씩은 바뀌어 줄 것이라고 믿고, 시도는 해보는 것이 좋다.

이대로 있어도 힘이 들고 불평불만이 가득한 채로, 아무 잘못 없는 남편과 싸움만 이어가는 것보다는 그래도 시도를 해보는 것이 좋지 않을까? 남편이 시댁에 대한 불평을 이야기하면 화를 내는 이유는 아마도 “나야? 시댁이야?”라는 물음을 계속해서 추궁당하는 기분이 들어서일지도 모른다. 내가 사랑하는 두 사람이 또는 세 사람이 서로 싸우고 있다는 사실에 너무나 힘이 드는데, 누구 편이냐고 계속해서 추궁당하는 심정이 들 때 그 누가 짜증나지 않을 수 있을까? 그 짜증 속에는 ‘나는 너도 사랑해, 그래서 네가 힘든 것 싫어. 그런데 당신을 힘들게 하는 사람들도 내가 사랑해. 그런데도 그들에게 나도 화가 나서 힘들어.’라는 고백이 들어 있다고 나는 생각한다. 그러니 이제는 남편에게 이야기하지 말고, 좋은 분위기로 침착하게 꼬인 실이나 엉킨 목걸이나 발찌를 풀어가듯 조심스레 힘들게 하는 당사자들에게 말해나가는 것이 필요하다고 권하고 싶다. 나인지, 시댁인지 더는 묻지 말자. 친정엄마가 나인지 네 자식인지 또는 남편인지 선택하라고 할 때 어떤 기분이 들지, 얼마나 짜증나고 화가 날지 상상해 본다면, 남편의 마음이 조금은 이해되지 않을까? 아주 오래전 일이지만, 가끔 나에게 나의 어린아이 같이 순수한 우리 엄마가 그런 질문을 하고 있는 듯 느끼게 할 때가 있었다. 그럴 때 나는 차마 답을 할 수 없었지만, 지금은 아주 당당히 내 아이들임을 말하고 있는 내 솔직한 고백에 자유롭다. 하지만 그 대답에 자유로울 수 없는 '우리 세대의 아들'인 남편! 그들을 괴롭혀 봤자 결국 부메랑처럼 더 큰 괴로움만 우리에게 되돌아 올 뿐이다. 어렵더라도 남편에게 양해를 구하고 시작해야 한다면, 그렇게 해도 무방하거나 그러지 않아도 된다면, 그들에게 직접 이야기하는 방법이 가장 빠른 해결 방법이라고 감히 말하고 싶다.

"형님~ 이제 본인이 드신 밥그릇이라도 직접 싱크대에 넣으실 정도는 되시잖아요."라고 말하라고 그리고 이제 남편에게 '나야? 당신 형이야?'라는 말은 그만 물어 볼 때가 됐다고 나는 그녀에게 말해주고 싶다.

05

벗어버려야 한다

내 힘으로 어쩔 수 없는 것을 어떻게 하고 싶은 때 나는 가장 괴롭다. 내가 어쩔 수 없다고 인정하는 것이 괴로운 것인지, 그것을 정말 어쩔 수 없어서 괴로운 것인지에 대한 정의가 명확하지가 않아서 또 다시 괴롭기도 하다. 그러니까 어쩔 수 없는 것을 생각하는 것 자체가 가장 괴로운 것이다. 그 중 가장 어쩔 수 없는 것은 다른 사람의 마음에 대한 관여이다. 그 사람이 날 좀 생각해 주었으면 하는 마음, 그 마음에 대해 어쩔 수 없을 때 가장 괴롭다. 왜냐하면 다른 사람의 마음은 정말 무엇으로도 내 마음대로 되는 것이 아니기 때문이다. 하나님이 주신 것 중에 자유의지가 있는데 그 중 하나가 '누군가를 사랑하는 마음'이다,

예전에 짐 캐리가 나오는 아주 오래된 영화를 본 적이 있다. 제목은 <브루스 올마이티> 이다. 짐 캐리가 하나님에게 불평불만을 하다가 하나님을 만나게 되고 하나님은 그럼 네가 한 번 해보라고 기회를 주신다. 하나님께서는 그동안 일주일 간 휴가를 떠나신다. 그렇게 짐 캐리는 하나님 대신 모든 권한을 쥐고 일주일간 하느님의 업무를 시작한다. 그 중 가장 재밌었던 업무는 복권 당첨에 관한 것이었다. 매일 밤낮을 가리지 않고 들려오는 기도 소리에 짐캐리는 괴로워 미치기 직전까지 가고 그 기도 소리를 없애는 방법으로 그는 모든 기도를 들어주는 것을 선택한다. 그래서 복권을 산 사람들은 모두 일등이 된다. 그렇게 해서 1등에 당첨된 모든 사람들의 수령액은 1달러였다. 그에 따른 원성은 소원을 빌 때보다 더 시끄러웠고 짜증스러웠다. 하지만 이러저러한 과정 끝에 어찌어찌 하여 하나님의 능력을 사용하는 방법을 익히고 그는 그 일을 잘 수행해내며 자신감을 얻게 된다. 그렇게 얻은 자신감에 자신의 능력도 아닌 능력을 과용하면서 오만해져 간다. 그의 오만함 탓에 약혼녀인 제니퍼 애니스톤의 사랑을 잃어갔다. 결국 그녀는 그를 떠나겠다고 말하고, 여전히 그녀를 사랑하는 짐 캐리는 그녀가 그에게 다시 돌아오게 하려고 자신을 사랑하라는 명령을 한다. 하나님의 능력을 사랑에도 쓸 수 있다고 생각한 것이다. 그런데 모든 것을 이룰 수 있는 하나님의 능력을 지닌 그에게 그 명령만큼은 이루어지지 않는다. 이유인 즉, 하나님은 자유의지를 주시는데 사랑은 그 자유의지에 속한 부분인 것이다. 그러니 어떤 주문이나 하나님의 명령으로도 되는 것이 아니라고 했던 기억이 떠오른다.

우리는 다른 사람이 내 마음대로 안 될 때 힘이 든다. 하물며 심부름을 시켜도 안 하면 화가 난다. 그 사람도 마음이 있고, 그 사람도 그것을 선택할 자유가 있는 것을 잊어버리는 순간이다. 그리고 그 중 가장 힘겨운 것이, 아마도 '남녀의 사랑'이 아닐까 한다. 어쩔 수 없는데, 어쩌고 싶어지는 것 중 가장 가슴 아픈 것이다. 물론 '고생을 덜 해봐서 사랑타령이겠지'라고 하는 사람도 있을 것이다. 내 엄마의 신세한탄 중 "고생 중 가장 큰 고생이 돈 고생이야"라고 외치곤 하셨던 게 기억이 난다. '우리 나이가 되면 사랑보다 돈 아닐까?'라는 마음이 더 큰 사람들도 있을 것이다. 하여튼 돈 이야기는 여기서 멈추고, 살아온 삶에서 가장 아름다웠던 시절의 고생에 대해 말하기로 하자.

나를 사랑했던 많은(?) 남자들을 생각해 본다. 그들은 나의 마음 때문에 아프기도 했을 것이고 나도 그들의 마음 때문에 아프기도 했었다. 서로 아팠던 것은 아마도 어쩌지 못하는 것을 어쩔 수 있다고 생각한 그 마음 때문이었으리라.

'왜 너는 나와 같은 마음이 아닌 것인가?'

이 때문에 화가 나고 속이 상하고, 고민하고 얼마나 많은 밤을 힘들어 했던가? 하지만 우리는 결혼과 함께 그 고민이 끝이 날 것이라고 믿었고, 사랑의 완성이 결혼인양 들떠서 어쩌지 못하는 것도 어쩔 수 있는 관계가 되었다고 믿었던 것 같다.

그런데 우리 모두 알다시피, 결혼하고 살다보면 어처구니없게도 가장 '어쩔 수 없는 인간'과 결혼한 기분이 든다. 저토록 어쩌지 못하는 인간이 있다는데 놀라게 되고, 우리는 여전히 괴롭다. 저 어쩌지 못하는 인간을 어쩌려고 하니 괴롭고, 저토록 어쩌지 못할 것이면 대체 왜 이 긴 시간을 나와 살고 날 지금의 상황으로 데려 온 것인가 하는 탓을 하며, 어쩌지 못하는 것을 어쩌지 못해 아직도 괴로워한다. 내가 어쩔 수 있는 것은 어차피 '나'뿐인 것을 우리는 알지 못한다. 그래서 계속해서 저 인간을 어쩔 것인지에 대한 고민으로 밤을 지새우기도, 또는 친구들과 옆집 아줌마와 친정 엄마와 친정 언니와 긴 시간 의논하고 상의한다.

'대체 무엇 때문에 그러고 있어야 하는 걸까?'

이런 생각이 끼니보다 더 자주 떠오른다. 그냥 버리면 그만인 것을 하고 결론이 나면 마음속에서 놓아버리기도 한다. 그랬다가 다른 날에는 또 다시 어쩔 것인가를 생각한다. 그래서 결론은 여전히 괴롭다. 결혼은 이런 시간이 자주 반복되는 희한한 시추에이션을 제공한다.

'무측은지심無惻隱之心은 비인야非人也'

가엽다고 여기는 마음이 없으면 사람이 아니니라 - 옳으신 말씀이다. 강가로 어린 아이가 다가가고 있고, 그 강가에서 아이가 빠져죽을 것을 알면서 그것을 가엽게 여기지 않으면 인간이 아니라고 했는데, 저 어린 아이 같은 인간을 그냥 저대로 빠져죽을 상황에 놓아두는 것 같은 마음으로 그냥 내 자신이 인간이 아님을 선택하는 듯한 이 기분... 저 어쩔 수 없는 인간을 어쩌고자 하는 성인의 마음, 그런데도 그것은 내가 어쩔 수 있는 것이 아닌 것을 받아들여야 하는 것, 참으로 이 마음조차 헷갈린다.

그 어쩔 수 없는 이들은 어린 아이가 아니고, 애까지 있거나 아님 한 집안의 가장이다. 그리고 그들이 가는 곳이 위험한 강가가 아닐 수도 있다. 그냥 우리 눈에 어린 아이 같고(이 또한 사랑의 한 측면은 아닐까?) 위험한 강가로 나아가는 행보가 사실은 물놀이일 뿐이고, 유희이니 우리가 그들의 인생에 관여치 않는 것을 원하는 것일 수도 있다. 우리는 참 오지랖이 넓기도 넓다. 마치 우리 마음처럼 그들도 우리를 걱정해 줄 것이라 여기며 산다.

우리는 남편이란 것들의 모든 행동이 걱정스럽다. 술을 많이 마시고 담배를 피우는 것부터, 내장지방이 두둑이 올라오는 그들이 복부도 위험한 강가같이 느껴진다. 그래서 술도 마시지 말라고 말하고 담배는 줄여봐라 권한다. 다음 번 애는 자신이 낳을 것처럼 불러오는 배를 걱정하며 운동을 하라고 조언을 해본다. 하지만 어떠한가? 그것은 말해도 안 되는 어쩔 수 없는 것들 중 하나일 뿐이다. 아, 이 어쩔 수 없는 것들을 어쩌고 싶은 마음을 어찌할까? 아내인 우리들은 힘겹다. 이것뿐인가? 결혼을 했으니 이제는 우리 둘이, 또는 셋, 넷이 진짜 가족이라고 말을 해주어도 그들은 아직 시댁 대청마루에 앉아 수박을 먹는 자라지 않은 아들이 되어 산다. 이 어쩔 수 없는 많은 것을 어찌할지 캄캄한 어둠속을 가녀린 등불 하나 없이 걷는 것처럼 느껴진다.

나 또한 이 어쩔 수 없는 것들을 괴로워하다 보니 답은 하나였다. 내가 할 수 있는 부분을 분명히 하고 나를 믿고 살아가는 것, 즉 이 세상에 오롯이 어쩔 수 있는 것은 나 하나뿐인 것을 인정하는 것이다. 나 외에는 모두 타인으로 생각해 볼 때, 어느 누구도 내 마음대로 되는 것은 가능하지 않다는 것을 받아들이는 것이다. 그럼 적어도 내 자신은 덜 괴롭다. 재가 내 맘대로 안 되서 괴로운 것이다. 그냥 차라리 기도하는 편이 더 좋은 방법일 때가 많다. 꼭 기독교를 말하는 것이 아니고, 자신이 믿는 신에게 기도하는 것이 가장 어쩔 수 없는 것을 어쩔 수 있게 하는 방법이다. 기도하고 믿고 하늘에 맡기고 받아들이는 것이 가장 나를 편안하게 한다. 이 부분 비난 받을 부분일까 싶어 짚고 넘어가자면 뜻은 이렇다. 타인을 내가 어쩔 수 없다는 것을 받아들이면 어쩔 수 없는 것이 없어진다는 것이다. 하지만 걱정스럽기 때문에 남편을 위해 기도하면 조금 맘이 더 편안하지 않을까 하는 팁일 뿐 그냥 남편도 타인이여서 내 마음과 다름을 인정하면 된다.

사실 나도 잘 못한다. 그냥 지금도 남편을 보고 있으면 왜 저럴까 싶어진다. 내 남편의 운전은 난폭하다. 그래서 그의 차를 타면 나는 불안하다. 그래서 늘 그의 조수석에서 나는 화를 냈다.

"앞에 차!"

"속도 좀 줄여!"

"그러다 사고 나면 어쩌려고 그래?"

"무서워, 무섭다고! 미친 거 아냐?"

이렇게 나는 수없이 소리치고 항의했다. 왜 그랬을까? 물론 사고가 나서 내가 다칠까봐 두렵기도 했지만, 혼자서는 더 난폭할 것 같아서 그것이 너무나 걱정스러웠다. 그가 다치고 죽을까봐 두려웠던 것이다. 그렇게 싸우고, 싸우고 15년 동안 그래 봤지만, 그는 고치지 않았다. 그러니 얼마나 어쩔 수 없는 것에 나는 매달렸던 것인가? 그러다가 문득 든 생각은 이랬다.

'이런 잔소리는 그냥 사이만 나빠지는구나, 그냥 그의 보험을 더 들어 놓자.'

'내가 탔을 때는 사고가 나도 받아들이자, 내 운명이려니 하고...대신 애들은 안 다쳐야 하는데...'

이렇게 생각하니 마음은 덜 괴로웠고 무서움도 덜해졌다. 그래서 주머니 사정이 안 좋아도 이미 들었던 남편의 보험은 절대 해약 안 하고 살고 있다. 보험이 그나마 내가 어쩔 수 있는 부분이었다.

어쩔 수 없는 것에 대한 괴로움 또한 내 선택이다. 그것이 내 권한이 아니고, 신도 자신의 영역으로 두시지 않아서 자유의지라는 것을 주시지 않았을까? 그러니 신도 어쩌지 못하는 것을 내가 어쩔 수 있다고 믿지 않고 살면 된다. 너무나 걱정스럽다면 낮고 부드럽게 권하거나 소리도 좀 질러보고 난 후는 그냥 기도하고 잊어야 한다. 그게 어쩔 수 없는 것에 대한 현명한 대처는 아닐까 싶어 푸념처럼 적어 본다.

그들에 대한 '걱정'이 '사랑'이어도 그 사랑을 '나에 대한 사랑'으로 바꾸어 보는 것이 더 좋다.

그것이 그들을 더 사랑하는 방법이기도 하다.

06

모든 위기에도 지킨 가정의 견고함에 관하여…

덕순 씨는 20살에 큰 아이를 낳았다. 그녀는 중학교 2학년 때 엄마 몰래 수영장을 갔다가 물에 빠져서 귀에 물이 잔뜩 들어가고 말았다. 그 뒤 귀가 아파왔지만 혼이 날까 싶어서 수영장 다녀온 사실을 엄마에게 말하지 못했고, 그렇게 아파진 귀는 결국 소리를 잃게 했다. 그렇게 덕순 씨는 소리는 잃어버렸지만 중학교까지는 졸업을 했고, 군인과 펜팔을 하며 연애도 했다. 그녀는 글 솜씨가 꽤 뛰어났다. 나는 지난 시간들 속에서 덕순 씨의 수첩을 훔쳐 본 적이 있는데 글 솜씨에 무척이나 감탄했다. 웬만한 시인 잡아드실 수 있는 솜씨였다. 이곳에 덕순 씨 글을 보여주고 싶을 정도의 실력이었다.

지금은 고인이 된 덕순 씨는 군인과 펜팔을 해서 사랑을 키워나갔고 군인은 제대하는 날 찾아와서 덕순 씨에게 청혼을 했다. 덕순 씨는 청각장애가 있고 그 군인은 건강한 남자로 아무 장애가 없는 것이 덕순 씨 어머니에게는 문제였고, 그로 인해 결혼을 하지 못했다. 덕순 씨 엄마는 장애가 없는 남자에게 시집보냈다가는 청각장애가 있는 덕순 씨가 구박을 받을까 봐 걱정이 태산 같았다고 한다. 열 손가락 깨물어서 안 아픈 손가락은 없다지만 더 아픈 손가락은 있다는 새로운 말처럼 덕순 씨는 그녀에게 더 아픈 손가락이었기에 더 신중했을 것이라 생각된다.

그렇게 펜팔로 만나오던 군인과 허락을 받지 못한 덕순 씨는 19살의 나이에 26살인 상호 군을 만나게 된다. 그날 상호 군은 처음 만나는 자리여서 그랬는지 말없이 와서 앉아 있다가 돌아갔다고 한다. 그렇게 얼굴 한 번 보고 결혼을 결정해야 했던 그 시절, 결혼식 날 알게 된 사실은 상호 군은 말은 가능하고 청각장애만 있던 덕순 씨와 다르게 언어와 청각장애를 다 가졌다는 것이다. 그렇게 덕순 씨는 그날 결혼을 하지 않겠다고 울고불고 난리를 쳤지만, 결국 결혼을 했고 그렇게 47년을 함께 살다가 얼마 전에 고인이 되었다.

나는 덕순 씨의 주변 인물이다. 그래서 40년이 넘도록 덕순 씨와 상호 군의 결혼생활을 지켜봐왔다는 것이다. 그분들의 결혼생활을 30여 년 전부터 보며 느꼈던 것은 처음에는 싸워도 너무 싸운다는 것이었고, 한 15여 년이 지나면서 그들이 60세가 지나면서 싸우는 것은 짜증 반, 사랑 반에 따른 싸움이라고 생각하게 됐고, 덕순 씨가 돌아가시기 몇 해 전부터는 그냥 너무 사랑하는구나 하는 생각이 드는 사랑싸움이었다.

지난 시절 이야기를 들어보면, 상호 군은 덕순 씨 몰래 여자를 만난 적도 있다고 하고(물론 사실 여부는 전혀 모른다) 가정폭력을 행하기도 하였고, 돈도 어지간히 적게 벌어다 주어 그 시절 맞벌이가 흔치 않던 시절에도 덕순 씨는 일을 함께 다녀야 했다고 한다. 그렇게 살아오던 덕순 씨는 정말 얼마 전에 돌아가셨다. 그렇게 돌아가신 어머님 장례식 날 그녀의 장남은 잘 웃고 의연하게 고요하게 평안히 어머니를 보내드리겠다면서 눈물도 거의 흘리지 않았고 잘 견뎌냈다. 아마도 장지까지 다 모시고 나서 덕순 씨 집으로 혼자 들어가서 그녀의 아들로서 온전히 그가 얼마나 가슴아파하며 울었는지 보지 않은 사람은 그가 덕순 씨가 돌아가신 것을 그다지 가슴 아파하지 않는다고 생각했으리라 짐작한다. 그뿐 아니라, 상호 군은 장례식 때 그치지 않고 눈물을 흘렸고, 6개월 동안은 거의 식음을 전폐하고 아침마다 덕순 씨 영정 사진을 닦아내며 울었다. 그리고는 지금 그 고통에서 벗어나려는 듯 덕순 씨가 돌아가신 것을 잊으려는 듯 치매에 걸렸다. 그렇게라도 덕순 씨가 떠난 것을 잊고 싶었던 것인지 약을 먹지 않던 예전보다 약을 복용하면서 치매는 더 심하게 악화되었다. 그런 상호 군을 두 아들은 쉼 없이 보살피고 병수발을 들고 있다.

견고하게 지킨 가정에 대한 글을 쓰면서 비극적인 죽음을 다루는 것을 이상하게 생각할 수 있다. 하지만 죽음이 비극이라면 비극이 아닌 삶이 어디 있겠는가? 나는 덕순 씨가 너무 일찍 돌아가셨다는 가슴 저린 슬픔은 있지만, 그녀가 지킨 그녀의 가정에 대해 이야기하고 싶다. 그렇게 그녀가 지킨 가정에서 자신의 삶을 충실히 살아가는 두 아들을 지켜냈고, 그 두 아들에 의해 그녀의 손주들이 태어났다. 그리고 할머니의 사랑을 듬뿍 받은 그녀의 손주는 지금도 자신의 친할머니를 그리워한다. 가끔 보고 싶다고 말하고, 어릴 적 자신을 돌봐준 시간에 지금도 감사하며 정신이 건강한 아이로 자라나고 있다.

상호 군은 덕순 씨를 힘들게 했던 것을 가끔 손짓 발짓을 해가며 설명하곤 하였고 후회하고 그리워하고, 지금도 그녀의 영정 사진을 닦으며 입맞춤을 하곤 한다. 나는 그녀가 이 가정을 지켜냈기에 그들에게 그리움을 남겼고, 이제는 기억뿐이라고 할지라도 영원히 사랑받는 분이 되었다고 생각한다. 이 이야기를 '종국엔 죽음뿐 아니겠어? 한 번뿐인 인생 이렇게 살아야 돼?'라고 생각하지 않았으면 좋겠다.

견고히 지켜진 가정 속에는 아이들의 건강한 웃음이 있고, 그 아이들이 성장 후에 감사를 가지게 되고, 철없던 남편도 어느덧 철이 들어 세상 가장 소중한 이가 아내였음을 이제 알았노라는 성스런 고백을 하게 될 것이다. 그렇게 힘겨움에도 이혼을 하지 않는 여러분의 선택이 옳았다는 결론이 올 것이라고 생각한다. 그 정도의 순간에는 내가 진정 승자임을 선포해도 좋으리라고 감히 말하고 싶다. 삶과 결혼생활 속에 꼭 승자가 되어야 하는 것은 아니다. 그러니 그 순간이 오건 안 오건을 떠나서, 여러분이 많은 힘겨움에도 가정을 지키고 있다면, 그 순간만을 위해서가 아니라, 삶이 유지되는 지금을 즐거이 하며 지내길 간절히 소망한다. 삶은 오늘과 오늘로 그리고 또 다시 오늘로 이어지는 것임을 기억하길 바라며 오늘에 기뻐하기를 오늘이 있음에 행복하기를 권하고 싶다.

07

다시 행복한 나를 그리고 우리를 꿈꾸며…

어제 나는 심하게 부부싸움을 했다. 이유라는 것은 복잡하고, 어쨌든 그 싸움에서 나는 남편에게 이야기 했다.

"자기, 나랑 20년 살면서 나 백만 원에 가까운 가방이라도 사주려고 해봤어? 아니 백만 원에 근처에 미치는 가방도 난 살 생각도 안 하고 살았어. 그건 알아?"

"그런데 당신 집 문제에, 그리고 당신 실수에 나는 왜 늘 그 큰돈을 줘야 하는 거야?"

아주 조용히 읊조리듯 내 뱉는 나의 이 대사에 옆에서 걱정되는 듯 앉아있던 12살 아들 녀석이 끼어들었다.

"그럼, 엄마도 여잔데, 그런 게 가지고 싶었겠지. 벌써 내년이면 46인데, 나이도 많은데, 가지고 싶은 게 당연하지. 가엾어라."

아들은 아주 진지하게 정말로 측은한 어조로 말했다. 부부싸움이라는 절체절명의 상황 속에서도 '빵'하고 터지고 말았다. 이 상황을 어떻게 마무리해야 한담? 그래도 나는 아들에게 무언가 말이라도 해줘야 했다. 안 그러면 내가 그런 비싼 백이 가지고 싶어서 싸우는 줄 알지도 모르기 때문이었다. 그래서 중얼거렸다.

"아냐! 엄마는 그런 비싼 백 같은 거 필요 없어. 그런 거 뭐하려고? 싸고 좋은 것을 사서 들면 되는 거야."

아들은 나의 해명을 수긍하지 않았다.

"아니야 엄마도 벌써 나이가 그렇게 많은데 들고 싶은 게 당연하지. 난 알아."

"아니라니까. 그런 비싼 백은 너무 무거워, 엄마 무거운 백 못 드는 거 알잖아. 그런 뜻으로 아빠한테 이야기하는 거 아니야."

어쨌건 비장하게 시작했던 부부싸움은 느닷없이 '백'에 대한 해명으로 막을 내리고 말았다.

나는 정말 그 뜻이 아니었다. 나는 그냥 남편이 내 맘을 알아주는 것, 내가 너무나 가정을 사랑한다는 것을 알아주길 바란 것뿐이었다. '많이 힘들지?'라는 말과 '우리 잘 헤쳐 나가자' '우리 힘내자'라는 말....

내가 아내가 된 첫 달, 아니 삼 개월 쯤 지났을 때였을까? 나는 너무나 행복했다. 내가 죽어서 옆에 묻힐 사람이 있다는 것이 말이다. 죽어서도 그 사람 옆에 누워있을 생각을 하니 썩어가면서도 행복할 것 같았다. 한 마디로 죽음도 내겐 두려움이 아닌 그런 것이 돼 있었다. 그런데 이제 와서 남편은 내가 먼저 죽으면 화장을 한단다. 하하. 우리 아버지 돌아가시고 아빠 땅에 모시고 오던 상조 차량 버스에서 가족들과 있는 자리에서 그 이야기를 한다. 자신은 내가 죽고 나서 죽고 싶다고 말한다. 이유는 끝까지 날 보살피다 내가 죽고 나면 화장하겠다고 말이다. 눈물겨운 고백일지는 모르겠지만, 그냥 지가 먼저 죽기 싫단 이야기로 들릴 정도로 난 내가 화장되는 것이 싫었다.

"난 당신이 먼저 죽으면 매장할거야."

"깨끗하게 화장해 줘."

"매장할 거라니까?"

"화장"

"매장"

"화장"

"매장"

친정아버지 장례를 마친 날 우리는 또 그렇게 다퉜다.

"누가 먼저 죽는가에 따라서 장례방식이 결정 되겠군."

그의 말을 들으면서 나는 속으로 생각했다.

'재보다는 먼저 죽지 말아야지.' 굳은 의지가 샘솟았다.

하여튼 날 불태운다고 하니, 내가 먼저 죽지 말든가, 산 채로 불태운다는 것은 아니니까 죽은 후의 일은 걱정하지 말든가 해야겠다. 아니면 저 인간하고 헤어져서 외로이 죽어가든가 아니면 화장 안 하겠다는 남자를 다시 만나서 죽어서 옆에 눕든가 해야겠다고 생각하게 됐다. 결혼해서 죽으면 옆에 누울 사람 생겼다고 좋아했던 게 오래전이긴 해도, 이제는 화장당하지 않으려면 저 인간 보는데서 죽으면 안 되는 일이 되어버렸으니 인생 참 무상하다.

어쨌거나 우리 아내라는 사람들은, 모두 다는 아니겠지만 사랑을 찾은 것이 너무나 기쁘다. 세상 모든 여자들과 마찬가지로 아내들이 꿈꾸는 것 또한 동일하다. 아내라는 이름의 아줌마도 그냥 사랑받고 싶은 여자일 뿐이다. 바라고, 바라는 것은 그저 한 가지, 사랑받는 것, 나만 사랑해 주는 것, 그래서 돈 많이 아니 많이 버는 것이 가능하지 않다면, 성실히 건강하게 벌어 나한테만 주는 것, 그래서 내 아이를 잘 지켜내는 것이다.

'참 진짜 웃기네.' 하고 읽을 남자들도 있을 것이다. 물론 남자들의 꿈도 야무질 것이다. 아내가 살찌지 않고 계속 예쁘고, 집도 깨끗이 해서 내가 들어가면 따뜻한 밥과 맛있는 음식을 해주길 바랄 것이다. 그 후에는 편안하게 TV 보게 내버려두고, 애도 명문대 보낼 만큼 공부 잘하게 가르치고, 더 욕심내자면 돈도 좀 벌어서 나만 부담스럽게 안 해주길 바랄 것이다.

<아내들은 가정을 지켜내기 위해서는, 남편과 밤새도록 싸울 수도 있다>는 글을 어딘가에서 읽었다. 그리고 <아내가 잔소리를 하는 것은 남편의 관심을 바라는 간절함이다>라는 내용도 말이다. '자기 나 좀 봐줘, 당신의 관심과 사랑이 필요해.'라는 뜻이라는 것이다. 우리는 남편의 미소가 그립다. 아내를 보면 무서워하지 말고, 미소 지어 주길 기대한다. 그들이 밥 짓는 냄새에 잠에서 깨어나 '뽀글뽀글' 끓어오르는 막 끓인 된장찌개와 아내의 미소를 보며 아침을 먹기를 원하듯, 우리도 남편의 따스함에 눈뜨고, 남편이 내려준 커피 향에 눈뜨며 마주보고 웃고 싶다.

꿈꾸는 삶이란 것도 어차피 차가운 현실에서 결국은 벗어나지 못하고 잊혀져가는 기억, 어쩌면 기억조차 나지 않는 순간이 되기도 한다. 그래도 우리가 꿈꾸기를 포기하지 않는 것은 꿈을 꾸기 때문에 우리는 지금을 놓지 않을 수 있고, 희망을 버리지 않을 수 있다. 어차피 남편의 모습에서 내가 원하는 것을 얻을 수 없다는 것을 조금씩, 어쩌

면 확실히 아는 때까지도, 아니 그러고 나서도 우리는 꿈꾸기를 포기하지 않는다. 왜냐하면 우리는 우리 가정의 행복을 그리고 내 아이들의 미래를 더 환히 밝혀주는 꿈만은 포기할 수 없기 때문이다. 내 아이, 또는 내 아이들의 꿈속에 엄마, 아빠의 아름다운 모습이 투영되어 그들이 가정을 이루는 그때 더 행복하게 살기를 바라기 때문이다. 그리고 우리가 여자임을 포기하지 못하기에, 사랑받고 싶기에, 그것이 바른 사랑의 모습이기에 우리는 남편의 사랑을 바라고 남편의 성실함 속에 건강히 살고 싶다.

그렇기 때문에 우리는 아내로서의 희망을, 여자로서의 사랑을 향한 꿈을, 엄마로서의 바람을 포기할 수가 없다. 그래서 우리는 포기하지 않는 만큼 꿈꾸는 삶을 위해 노력한다. 그 노력은 맛있는 반찬으로 나타나기도 하고 그 반찬과 더불어 막 지은 김이 '모락모락' 나는 밥을 주며 드는 행복한 마음으로 나타나기도 한다. 그리고 때로는 입지도 못하는 야한 속옷을 사서 숨겨놓은 채 나타난다.(나는 진짜 빨간색 레이스 티팬티 사 놓고 2년 정도 숨겨 놓고 있다가 몇 년 전에 버렸다.) 아이들에게 좋은 대학을 나오지 못한 것을 말하지 못하고, 아이들이 넌지시 물어 올 때, "몰라도 돼!" 하고 '빽' 소리를 질러보기도 하고, 얼버무리기도 하지만 결국 그 어쭙잖은 부끄러운 반응도 아이들은 좋은 대학에 보내고 싶은 엄마로서의 꿈이다. 그렇기 때문에, 그 어느 누구도 아내로서 살아가는 삶이 아름답지 않다고 말할 수 없고, 아내라는 여자들의 꿈을 비난할 수 없다.

우리가 살이 좀 많이 붙었어도, 얼굴에 주름이 생겨 늘어져도 우리가 이렇게 꿈꾸며 사는 동안 우리는 늘 아름답다. 남편이라는 이름의 남자들이 알아주지 않더라도, 돌아와 다시 싱글이 된 나여도, 우리 스스로라도 알아주자. 우리가 얼마나 아름다운지를, 우리가 꿈꾸는 세상 속에 주인공인 나는, 우리는 어떤 순간에도 아름답다는 것을 잊지 말자. 왜? 늘 꿈꾸는 것이 있고 실행하는 우리니까.

Chapter 3

그리고 나의 아이들

01
'이혼해서 미안해'는 틀린 말!

'엄마가 미안해, 엄마가 이런 엄마여서 미안해.'

'그리고 이혼하게 돼서 미안해. 엄마는 가정을 지키고 싶었는데, 니 아빠가 엄마를 너무 힘들게 해서 이렇게 되고 말았어, 정말 미안해.'

만약, 이혼을 한 후라면 위처럼 말하게 될 것 같다. 엄마가 미안하다고, 이렇게 돼서 미안하다고 말이다. 그런데 이혼한 일이 정말 미안한 일일까에 대해서는 고민해 볼 일이다. 만약에 지금 불행에 절어 있는 모습으로 자녀들 앞에 서있다면, 그 이유가 진정 남편의 정신적, 신체적 폭력이거나, 무책임함 때문이라면 이혼해서 미안해가 아니고 이렇게 살고 있어서 미안해가 더 큰 미안함이 아닐지 고민해 보아야 하는 시점인지도 모른다. 그러하지 않고 과감히 이혼을 행동으로 옮기고 자신의 삶을 책임질 자세로 서있다면, 아이들에게 엄마여서 미안할 이유도, 이혼해서 미안할 이유도 없다고 강하게 등 두들기며 이야기해주고 싶다.

예전, 아니 종종 일어난다는 사실이 안타깝지만 아들이 아버지를 죽이거나 하는 사건들을 들어본 적이 있을 것이다. 그뿐 아니라 연쇄 살인마들의 이름을 떠올려 보자. 유영철, 강호순, 정남규 등 지존파 9명의 멤버들은 모두 가정폭력의 피해자들이었다고 한다. 지존파의 행동대장이었던 한 멤버는 엄마에게 미안하지 않느냐고 묻자, "그 여자는 진작 내가 죽였어야 했다."고 말했다. 그들은 가난해서 부자들에 대한 분노로 죄를 저질렀다고 하지만 결국 폭력 속에서 자라나면서, 그들이 집을 벗어나지 못하는 것이 가진 것이 없기 때문이라고 판단하고 그 환경을 견디며 배운 것이 폭력뿐이며, 분노뿐이어서 그러한 범죄를 저질렀을 가능성이 더 높다. 그러니 만약 남편과의 문제에서 화를 내며 늘 싸워야 하고, 나를 때리거나 아이들을 때리는 아빠였다면 혼자가 되어 씩씩하게 아이를 키우는 지금이 미안한 일은 아니다.

이혼해서 미안하기보다는, 불행했던 엄마를 보며 자란 나로서는 엄마가 행복해 하지 않고 인생을 살아오신 것이 더 싫다. 엄마가 이혼을 했다면, 그리고 우리를 혼자서 키워가면서도 씩씩하게 자신의 삶을 사랑하는 모습을 보여줬다면, 나의 뿌리 깊은 우울감은 없었을 것이라고 확신하게 된다. 나의 엄마를 떠올리면 나는 불행히 울고 있는 엄마의 모습이 선명히 머릿속에 떠오른다. 그것이 지금도 날 얼마나 힘들게 하는지 엄마는 알까? 가끔 그것에 화가 나서 지금의 엄마에게 화를 내기도 하고, 그런 나의 모습에 화가 나면서도 평생을 불행하다고 말한 엄마가 가엾어서 내 안에 용암처럼 끓어오르는 화를 엄마에게 표출하게 된다.

그러니 이혼해서 미안해가 아니고 엄마가 세상을 부정적으로 느끼게 하고 있다면, 그 점이 미안하다는 것을 인지하고 바꾸어가길 바란다. 아이들에게 우리가 바라는 것이 자신의 삶을 잘 이끌어 가는 것이 확실하다면, 아이들이 우리를 바라볼 때도 우리가 행복하게 웃는 것을 가장 바라고 있다는 것을 잊지 말자. 그러니 이혼하지 않는 것이 아이 때문이라고 말하면서 불행한 표정으로 "너는 엄마처럼 살지 마."라고 말하지 말고, 이혼을 하든지 못하든지, 안 하든지를 떠나서 또는 이혼을 억울하게 당하더라도, 그 상황에 대해 불행해 하지 말고 그 상황을 해결해 나가는 것에 초점을 맞추고 당당하게 살아가는 것이 가장 중요하다. 이혼해서 미안해보다는 사실 "이혼을 너 때문에 못하고 살잖아."라고 억지말을 하면서 불행해 하는 모습이 아이를 더 불행하게 성장하게 하고 아이의 마음 깊이 우울감을 심어 성인이 되어서도 인생은 불행하다면서 세상을 부정적으로만 느끼게 하는 것이 훨씬 더 미안한 일인 것을 염두에 두고 생활해 가길 권하고 싶다.

내가 육아에 대한 3번째 챕터를 시작하면서, '이혼해서 미안해'라는 첫 단락을 쓰는 이유는 이혼을 결정한 후에 이 글을 읽든지, 아니면 이혼을 하고 읽든지, 또는 이혼을 하지 않고 읽든지 간에 아이들이 바라는 것이 이혼유무에 집중하고 있지 않다는 것을 알려주고 싶기 때문이다. 이혼을 해서든 안 해서든 간에 세상이 그런 것에 크게 영향을 미치지 않는다고 생각하게 키워내자고 말하고 싶다. 엄마가 혼자 살아가든지, 아빠와 살아가든지 간에 우리는 아이들의 세상을 어둡게, 살만하지 않다고 생각하게 키워내지 말자. 또는 이혼을 했으니 인생을 실패한 것이라고 느끼게 하지도 말고, 이혼을 안 하고 사는 것이 너희 때문이라고 말하면서 엄마가 엄마 인생을 우리에게 희생하고 있고 보상해 주어야 한다는 죄책감에 성장하게 하지 말자. 우리는 이혼을 안 하는 것도 사실은 돈 벌 자신이 없어서이거나 아직도 남편과 사는 것이 더 낫다고 생각하기 때문이란 것을 안다. 자신의 가슴속에 깊이 들어가 진실에 귀 기울여 보라. 아이들에게 아빠가 있어야 해서 이혼을 못하는 것도, 또는 안 하는 것도 나의 선택이다.

내가 이혼 위기에서 힘겨울 때, 내 큰 아이는 입시반이었다. 그래서 나는 입시가 끝이 나야 무엇을 하든지 간에 선택할 수 있을 것이라 여기고 지냈다. 아이들 앞에서 웃으면서 아침과 점심과 저녁을 다르게 해가면서 그 시간을 보냈다. 어느 날 둘째 아이가 내게 말을 해왔다. "엄마가 우리 때문에 이혼도 못하고 살아가고 있는 거잖아." 나는 그 소리에 화들짝 놀랐다. 왜 그런 생각을 할까? 그래서 "호연아, 엄마는 말이야, 너희들 덕분에 이렇게 웃으며 살 수 있는 거구, 아직은 아빠를 엄마가 사랑하기 때문에 이혼을 안 하는 것뿐이야. 너희들 덕분에 이렇게 잘 살 수 있는 건데 무슨 너희들 때문에 이혼을 못 한다고 생각하는 거니. 그런 것 아니니까 걱정하지 마. 이혼의 결정은 정말 엄마와 아빠만의 문제란다. 너희들은 아무 잘못도 없고, '너희들 때문에'라는 말은 말이 안 되는 거야. 너희들 덕분에 이렇게 행복한 것뿐이야." 라고 대답해 주었다. 그 대답에 내 아이들의 얼굴이 막 햇살이 비추어 들어오는 창처럼 밝아졌다. 그 녀석 얼굴빛에 집안이 다 환해지는 것 같았다.

둘째 녀석은 공부를 잘 안 하는 아이였지만, 중2가 된 지금은 시험이 다가오면 보통 열심히 하는 것이 아니다. 시험 가까이에는 새벽 2시까지 공부를 하고, 일찍 잠이 든 날은 새벽 3시 반에 일어나서 책을 보다 학교에 간다. 혼자서 교복을 빨아 입고 아침 등굣길에는 날씨를 먼저 알려주며 문자를 보낸다. 서리가 내린 날은 길이 미끄러우니 운전 조심해야 한다면서 서리서린 풀잎들을 사진 찍어 보낸다. 어떤 친구는 시험대비 공부를 안 하고도 너무 시험이 쉬웠다고 말을 한다고 부러워하더니, 피식 웃으며 "하긴 나는 인생이 너무 쉽고 행복하긴 하지. 내가 걔보다 공부는 못하지만 말이야."라고 말을 한다.

그러니 이혼을 해서 미안해하지 말자. 이혼을 못해서 또는 안 해서 미안해하기보다는 아이에게 인생이 불행하다고 말하고 있는 태도를 바꾸어 가는 것이 가장 첫 번째라고 권하며 이 챕터를 시작하려고 한다. 그러니 "이혼해서 미안해"는 완전히 틀린 말이다.

02

"누가 몰라? 나도 다 아는 거거든!"

어느 날 저녁, 딸과 아들과 나 셋이서 오랜만에 외식을 하게 되었다. 어쩔 수 없는 외식이었다. 내가 너무 늦은 시간에 집에 오게 되었고, 아이들의 과외도 너무 늦게 끝나서 어쩔 수 없이 식당에 가서 저녁을 사먹게 된 것이었다. 차를 타고 식당으로 가면서 딸아이의 과목을 선정하는 방법에 대해 이야기하게 되었다.(딸아이는 당시 IB 과정을 하고 있었다). 대학 입시에서 높은 점수를 받아야 하는 딸은 과목의 선택에 신중할 수밖에 없었다. 두 과목 중 하나를 선택해야하는데 높은 점수를 받을 수 있는 가능성이 있는 과목을 선택해야 했다. 당연히 딸은 매우 예민

한 상태였다. 두 과목 모두 어렵다고 생각하기 때문에 무엇을 선택하든 어렵기는 마찬가지인 상황이었다. 그런데 이미 아이는 두 과목 중 한 과목을 마음으로 정한 듯 보였다. 정했으면 끝인데 그게 아니었던 것이다. 여전히 딸의 마음은 흔들리고 있었고 당연히 딸아이는 편안한 마음으로 외식을 즐길 상태가 아니었던 것이다.

차를 타고 가는 내내 딸아이는 자신 앞에 놓인 두 과목에 대해 조잘거렸다. '이 과목은 어떻고.. 저 과목은 어떻고, 그래서 나는 ..불라불라..불라 불라..' 이런 식으로 정신없이 자신의 이야기를 멈추지 못했다. 이렇게 식당으로 향하는 동안 계속해서 딸아이의 횡설수설은 30분쯤 이어졌고, 나는 딸의 이야기를 들으며 계속 맞장구를 쳐주었다 어떤 의무감이었다. "응, 너 그렇구나.", "아~ 그렇구나,"를 연발해주었다. 마침내 차를 세우고 식당 문으로 들어설 순간이 되었다. 나는 이쯤에서 과목 선택 이야기는 결론을 지어야 한다고 생각했다. 그래서 딸에게 말했다.

"서연아, 엄마는 너희들이 어떤 것을 결정지으려고 이야기 할 때 아주 명확한 부분에 대해서가 아니고서는(예를 들어서 '1 더하기 1는 2라는 것' 등) 너의 의견을 기본적으로 존중해. 그래서 네가 원하는 방향과 어울려 결정하기를 원해. 어떤 것을 결정하는 기본은 너의 의사에 있어. 물론 너도 가장 좋은 방향을 생각하고 노력하고 있다는 것도 잘 알아. 그런데 지금까지 너의 이야기를 들어보니까 너는 심리학을 하고 싶어 하는 것 같고, 그럼 과목 변경이 가능하면 심리학을 해서 따라잡는 쪽으로 결정을 우선하고, 만약 되지 않으면 원래 하던 과목인 지리를 열심히 하는 방법 외엔 없을 것 같아, 너는 어떻게 생각하니?"

이렇게 길게 말해놓고 나니 내 자신이 대견스러웠다. 딸의 의견을 먼저 존중해주는 민주적인 엄마, 딸의 고민의 핵심을 확실히 알고 있는 현명한 엄마가 바로 나인 것 같았다. 이 정도로 말해줬으면 딸이 틀림없이 감동 먹은 목소리와 표정으로 엄마를 한없이 존경한다는 류의 대사를 해올 것이 틀림없었다. 외식값이 아깝지 않을 정도로 말이다. 그런데 돌아온 딸의 대답은 전혀 달랐다. 내 딸이 말했다. 그것도 아주 퉁명스럽고 짜증스러운 목소리였다.

"아, 누가 그걸 모른대? 나도 알아! 내가 몰라서 하는 얘기가 아니잖아?"

하고는 홱 토라져 버렸다.

예상치 못한 딸아이의 반응, 가만히 보고는 있었지만 이미 내 가슴 속에서는 갱년기 증상같이 '훅' 하고 불꽃이 치밀어 올랐다. 찰나지만 화르르 불꽃이 일었다. 나는 너무나 부드럽게 이야기했고, 더 이상 그것을 가지고 딸아이가 더 길게 고민하지 않았으면 하는 안쓰러운 마음에 한 이야기였다. 그런데 저 딸의 발칙한 반응이라니? 그래도 어쩌랴? 자식 이기는 부모 없다는데, 나는 다시 말했다.

"아니 나는 네가 모른다는 게 아니고, 네가 힘들어 하니까 내 의견을 이야기한 거야."

꾹꾹 누르며 처음 이야기를 할 때보다 더 부드럽게 이야기했다. 나쁠 대로 나빠진 내 기분을 눈치 채지 못하도록 최대한 조심해서 말했다. 딸아이는 식당에 들어서서 밥을 주문하고 나서도 계속 그 이야기를 하며 짜증을 부리며 "누가 몰라? 나도 다 알아!"를 수없이 반복하고, 화도 내고, 눈물도 흘렸다.

그 가관을 바라보며 나는 웃지 않고 다시 말했다. 만약 그때 미소를 가득 머금었다면 더 기분 나빠할 것 같았다. 그래서 진지하고도 편안한 말투로 다시 말을 건넸다.

"네가 잘못됐고 모른다는 이야기가 아니고, 너도 아는 것 아는데, 그런데 내 의견은 이렇다는 거고, 네가 밥 먹기 전에 계속 고민하면서 밥 먹는 것조차 편안하지 않을까봐 결론을 내리고 밥을 편히 먹으라는 거였어."

그랬더니 딸아이가 또 이야기를 받아 친다.

"그래 아는데, 그거 누가 몰라? 근데 엄마는 자꾸 왜 근데, 근데 하는데?"

이제 숫제 울면서 말한다. 나더러 '근데, 근데' 좀 그만하란다.

"그건 네가 옳지만 내 의사를 표현하기 위해 쓴 단어일 뿐이야. 우선 밥 먹어. 편안히. 우리 딸 금방 털고 결정하고 나면 열심히 할 거라는 거 엄마는 아니까 우선 밥부터 먹자."

생각 같으면 주먹 꽉 쥐어, 그 중 두 손가락 굵게 접어 올려서 꿀밤이라도 날려주고 싶었다. 나도 한 성질 하는 사람인지라 참는 것이 쉽지 않았다는 것을 우리 딸은 알까?

갱년기 증상 있을 나이에 더 갱년기 증상을 불러일으키는 딸아이의 태도에 참 화가 났지만 아이의 혼란스러움이 그 아이의 말이나 태도를 결정하고 있는 듯해서, 갱년기 약 먹는 셈 치고 찬물 한, 두 잔 들이키고 앉아서 이래저래 밥을 먹고 집으로 돌아왔다.

집으로 돌아온 딸이 제 아빠와 다시 과목 선택에 대해 이야기를 나누었다, 일찍 들어와 있던 아빠가 딸에게 말했다.

"과목은 어떻게 결정하기로 했어?"

나는 겁이 덜컥 났다. 방금 전까지 그 문제로 날카롭게 대립했던 엄마와 딸이 아니던가? 그런데 아빠가 다시 그 얘기를 꺼낸 것이다. 딸의 반응이 몹시 두렵던 그 순간, 딸이 말했다.

"응, 옷 갈아입고 와서 말해줄게"

하고는 자신의 방으로 들어간다. 살짝 미소까지 지으면서 말이다.

나는 남편한테 식당에서 있었던 이야기를 해주며 남편에게 조언했다.

"지금 그런 상태니까 조언은 하지 말고, 일단 이야기를 들어줘 봐"

이렇게 낮게 속삭였는데 자기 뒷담화를 들었는지 '배시시' 웃으며 아이가 우리 방으로 들어온다. 그리고는 아빠랑 과목에 대한 이야기를 나눈다.

"부탁인데, 둘이 딴 데 가서 이야기 좀 해줘. 나 그 이야기만 들어도 머리가 깨질 거 같아." 나는 이불을 끌어 덮으며 말했다. 진심이었다. 그랬더니 딸아이가 내 팔을 베고 누우며 애교를 부린다.

"엄마! 자꾸 그럼 나 집 나간당."

"우리 딸, 모르는 게 없는데 집 나감 어때? 엄마는 걱정 안 해. 모르는 게 없는데, 뭐. 집 나가서도 잘살겠지. 엄마는 걱정 안 해."

그러면서 볼을 살짝 두 손가락으로 꼬집어 주었다. 아이는 베게와 내 팔 사이에 얼굴을 묻고는 한참을 까르르 웃어댄다. 우리는 이 장난을 한 십여 분쯤 했다.

"딸! 엄마도 아직 딸에 대해 이야기나 의견을 이야기 할 책임과 자격이 있는데, 또 그런 식으로 이야기하면 엄마 앞으로는 아무 얘기 안 할 거야."

딸아이는 알았다며 날 꼭 끌어 안아주었다.

나는 정말로 아이들에게 화를 잘 내지 않는다. 단순히 사춘기인 딸이 입시까지 앞두고 있어서 조심하는 것만은 아니다. 오해는 마시라! 내가 아이들의 잘못된 점을 가르치지 않는다는 것이 아니다. 무언가를 가르칠 수 있는 순간들을 지나친다는 것이 아니라, 화를 내며 이야기하지 않는다는 것이다. 그것은 내가 어렸을 때 느꼈던 외로움에 대한 크기가 컸고, 내가 보살핌 받지 못했던 감성적 굶주림에 대한 기억이 뚜렷해서기도 하지만, 그 아이가 더 점수를 잘 받고, 좋은 학교에 가고 싶고, 가고 싶은 과를 가기 위해 갈등하고 있다는 것을 잘 알고 있어서이다. 또한, 그토록 힘들어 하는 것은 진정, 그 아이 스스로 자기 자신을 아끼고 있다는 증거이기에 그 '마음아픔'이 내가 아이보다 더 크다고 생각하지 않아서이다.

청소년기, 그러니까 사춘기의 아이들을 둔 엄마들과 이야기하다보면 자신은 아이가 버릇없는 것을 두고 보지 않는다고 한다. 그리고 따끔히 혼을 내서 야단을 치고 화를 내서 엄마인 자기를 이기지 못하게 한다는 말을 하는 엄마들을 자주 만난다.

어떤 한 엄마는 11살짜리 아들에게 화를 내며,

"너는 날 절대 못 이겨. 왜냐면, 넌 내가 낳아줬기 때문에 네가 날 이기는 건 말이 안 되는 거야!!!"

이렇게 소리치는 엄마도 실제로 목격했다.

그 아이는 눈을 껌벅이며, 잔뜩 겁먹은 눈빛으로 '알아요.'라고 이야기하는 것 같았다. 나는 그 아이가 잘 성장할 것이라고 믿고, 잘 성장하길 바라지만, 한 가지 정확한 것은 그 아이가 엄마를 평생 이기지 않을지, 이기고 살지는 알 수 없다고 생각했다. 혹여, 아들이 엄마인 자신을 이기지 못하길 바라는 엄마는 계속 이기고 산다고 착각 속에 살 수는 있지만, 적어도 그 아들이 중요한 문제를 결정하고 싶을 때는,

할 수 있는 나이가 되어서도 결코, 엄마에게는 '중요한 문제는 상의하지 않을 것'이라는 것은 알 수 있을 것 같았다.

'자식 이기는 부모 없다'

오랜 세월 우리 조상 때부터 내려오는 금언이다. 그리고 어느 순간 그게 무슨 말인지 굉장히 뼈아프게 깨닫기도 한다. 그것을 깨달으며 뼈아픈 이유는 자식을 이기려는 마음을 가지고 살아온 탓인데, 그것이 자식이 속 썩여서라고 생각한다는 것이 안타깝다.

우리는 왜 자식을 이겨야할까? 자식마저도 경쟁상대로 삼고 그런 불편한 기분으로 살아야 하는 것일까? 남편하고의 기싸움도 지긋지긋한 우리 나이에 말이다. 어느 순간부터 남편의 일에 무감각해지고 무관심해진 우리를 생각해보라. 우리가 얼마나 강하게 남편에게 우리의 의견을 관철시키기를 바라며 살아왔는지. 그러는 가운데 우리는 그것이 불가능하거나 자주 실망을 하게 되는 것을 발견하고, 알게 되고는 남편의 일에 무감각해지고 무관심해지는 길이 우리를 편하게 한다는 것을 알게 됐다. 그렇게 우리는 서서히 여자, 남자가 아닌 가족으로 밖에는 살게 되지 않는다. 아이와도 그러고 싶은 것이 아니라면, 엄마는 아이를 이길 필요가 없다.

우리는 내 아이를 기다려주고 믿어주는 것이 이기는 것보다 훨씬 중요하다. 그것이 훨씬 아이가 세상을 바라보는 관점을 긍정적으로 만들어주고, 그 아이를 행복하게 살게 하는 길이라고 나는 강하게 이야기하고 싶다. 내 딸은 얼마나 잘사나 보자고 하시는 분들에게 말하고 싶다. 나는 내 딸이 누구보다 잘살고 행복하게 살 것이라고 확신하지는 않는다. 그냥 믿는다. 내 딸이 나보다는, 그러니까 내가 내 자신을 제대로 사랑해주지 못했던 나를 보며, 내 딸은 스스로를 깊이 사랑하며 살아갈 것이라고 믿는다. 엄마로서의 삶을 사랑하는 엄마라면 그것으로 충분하다.

03

내가 널 얼마나 힘들게 낳았는지 아니?

낳아준 것일까? 태어나 준 것일까?

내가 첫 아이를 낳은 것은 27세, 결혼 후 2년 반이 지나서였다. 이른 결혼이었고, 우린 돈이 너무나 없었다. 월 18만 원짜리 월세에 살면서 아이를 낳는 것은 사치였다. 그래서 좀 더 늦게 아이를 가지게 되었다. 물론 아이를 낳을 당시에도 우리는 여전히 가난했지만 아이를 가진 나는 부른 배만큼이나 행복했다.

나의 큰 아이인 서연이는 42주를 꽉 채우고도 나오지 않아서, 양수가 줄어드는 상황이 되었고 나는 유도분만을 해야 했다. 산통이란 것이 말도 못하게 아프지만 유도분만의 경우는 위험도까지 올라가고 유도분만제를 맞고 산통이 시작됨과 동시에 분만 직전의 산통이 계속되기에 자연스러운 진통에 비해 통증이 훨씬 강하게 지속된다고 생각하면 된다.

그래서인지, 아니면 내가 원래 엄살이 심해서인지 정말이지 나는 너무너무 아프고 아팠다.

말해 무엇 하랴. 아이를 낳아본 우리들은 안다. 정말 몇 번이나 천장이 노랗게 빨갛게 변해야 아이를 낳을 수 있다는 사실을 말이다.

진통이 더욱 심해지자 12시 반에 나는 택시에 올라 병원으로 향했다. 남편은 나의 손을 꼭 잡고 택시기사에게 빨리 갈 것을 부탁했다. 너무나 급히 서두르는 우리에게 택시기사가 질문을 하나 던진다.

"언제 진통이 시작된 거예요?"

남편이 덜덜 떨면서 대답했다.

"30분 전부터요, 좀 서둘러 주세요!!"

그 대답에 택시기사는 피식하고 웃더니 말했다.

"아직 나오려면 멀었어요. 천천히 가도 됩니다. 족히 10시간은 지나야 나올 건데요. 뭐, 서두르지 맙시다."

나는 그 아픈 와중에도 그 택시기사의 대답에 벌컥 소리를 질렀다.

"아저씨. 운전이나 빨리 해주세요. 상관하지 마시구요!"

나는 아파 죽겠는데 이 고통이 10시간이나 지나야 겨우 애가 나올지, 안 나올지 모를 것이라니, 내가 정신을 조금이라도 차릴 정도로만 아팠어도, 발로 걷어 차버렸을지도 모를 일이다.

그 심한 진통으로 나는 병원에서 너무 아프다고 난리를 피웠다. 지금은 자연적으로 아이의 맥박이 체크되는 기계가 있어서 별다른 장치를 배에 부착하지 않지만, 그때만 해도 배 위에 아이 심장 맥박을 체크해야 한다고 손바닥만 한 기계를 초음파 검사할 때 뿌리는 젤을 뿌리고 붙여놨었다. 크기가 너무 크고 배는 위로 동그랗게 불룩하기 때문에, 잘 붙어 있을 리가 없었다. 그래서 그 기계를 넓은 밴드로 배를 감아서 고정시켜 놓았다. 나는 그 기계가 닿는 부분이 못 견딜 만큼 간지럽고 배는 어찌나 아픈지 아이를 자연분만한 사람은 알겠지만, 굉장히 배도 아프고 꼭 화장실 가서 앉아있지 않으면 실수할거 같아서 괴롭다.

그래서 나는 침대 밑으로 기어들어가서 간호사가 나오라는 데도 안 나오거나, 화장실에 가서 문을 잠그고 나가지 않았다. 결국 의사까지 등장했다.

"한재원 산모 병실로 나오세요. 거기 있음 아이한테 위험합니다."

그래도 절대로 안 나갔다. 병실로 나가서 있으면 정말 실수(?)할 듯

해서 너무 두려웠고, (내 나이 그래도 그 당시 27세인데, 꽃다운 20대에 아무리 아이를 낳는다고 해도, 아무대서나 실수하는 짓은 정말 하고 싶지 않았다.) 정말 눈물이 저절로 날 만큼 아팠다.

문제는 그때 시각이 새벽 2시가 넘어가고 있었고, 의사는 내가 큰 대학 병원으로 가서 제왕절개를 하길 원했는데, 그 당시 우리 부부에게 제왕절개는 너무나 비쌌다. 나는 어쨌든 우여곡절 끝에 자연분만을 했는데, 자연분만을 하면 그때 영양제인 링거를 한 대 맞는 게 좋다고 했지만, 5만 원짜리 영양제는 우리에게 너무나 비쌌다. 자연분만 비용이 22만 원이었던 것을 생각하면, 영양제 가격인 5만 원은 우리에게 너무나 부담스러운 가격이었다.

그래서, 나는 그 영양제도 맞지 않고 퇴원을 하고 아무도 몸조리를 해주는 이 없는 월세 원룸으로 돌아왔고, 이틀 후부터는 신생아인 우리 딸의 목욕과 아이 빨래를 했다. 나는 세탁기에 아이 옷을 돌리고 싶지 않았다. 세제가 깨끗이 씻겨 나가기에는 물의 소비도 컸고, 잘 씻겨 나가지도 않는다고 알고 있었다. 그래서 손빨래를 하고 다시 옷을 가스 불에 오래된 냄비를 사용해 삶아가며 아이를 혼자 돌봐야 했다.

그 와중에 내가 속이 상했던 것은 딱 하나였다. 나의 큰 딸인 서연이는 내 기대와는 많이 달랐다. 우선 나는 당시 남편을 많이 사랑했고 내 소망은 남편 닮은 아들을 낳는 것이었다. 태어난 순간 눈을 꼭 감고 있던 아이는 그럭저럭 아들이 아닌 것 말고는 아빠를 닮은 듯해서 위로가 됐었다.

감은 눈이었지만, 눈을 뜨면 눈이 아빠처럼 클 것 같은 형태를 하고 있었다. 아주 길게 감은 눈이었으니, 저 길이로 볼 때, 눈을 뜨면 크고 동그라리라 하고 기대했다. 하지만 나는 서연이가 눈을 뜨는 순간 아이가 바뀐 것은 아닌지 고민하게 됐다. 내 딸아이는 내 기대치보다 눈을 3분의 1 밖에 안 뜨는 것 같았다. 안 뜬 것인지, 다 뜬 것인지 자꾸 쳐다봤지만, 아빠 닮은 형태였을 뿐 눈의 크기는 그냥 실눈이라는 표현이 맞는 것 같았다. 어쨌든 눈이 실눈인 애가 바뀐 것은 아닐까 고민도 했지만, 그날 그 병원에서 딸을 낳은 사람은 나 하나라서 바뀌었다고 어디다 우길 수도 없었다.

그렇게 내 기대치와는 다르게 생긴 내 딸의 목욕과 빨래와 수유를 하고, 혼자 몸조리를 하며 아이를 안고 있는 순간, 문득 머릿속에 스치는 것이 있었다.

'내가 왜 태어났는가?'

이 영원한 의문이 한꺼번에 확 풀리는 듯 했다.

'아! 내가 이 아이를 낳으려고 이 세상에 왔구나. 그게 아니고서야 이렇게 깊게 사랑을 느낀다는 건 불가능할 거야' 이런 생각이 들었다.

아이는 너무나 작았지만 나의 모유에 자신의 인생이 달려있다고 생각하는지, 아니면 그것이 그 아이의 모든 즐거움이었는지는 모르겠지만, 아이는 젖을 먹고 나면 잠이 들고, 또 먹고 나면 잠이 들기를 반복했다. 그런데도 나는 그 순간순간이 너무 행복했다. 내 딸은 모유를 빨면서 이마에 송골송골 땀이 맺히곤 했는데, 그 땀은 그 아이가 얼마나 모유를 열심히 빠는 지 극명하게 보여주는 것이었다. 아무것도 안 하고 입술만 쫑긋쫑긋, 오므렸다 펴고, 오므렸다 펴면서도 나보다 자신이 더 힘들다는 것을 보여주었다. 나는 아이가 잠이 들 때는 같이 자거나, 집안일을 하거나, 아이 사진을 찍으며 보냈다.

지금 돌이켜 생각해봐도 너무나 신비로운 감정, 내가 세상에 온 이유를 그 작은 존재에서 찾은 순간, 그러한 것을 누가 알까? 우리처럼 엄마가 되어보지 않은 존재들은 알지 못하는 그 순간을 말이다. 결코 상상조차 할 수 없는 느낌이다. 남자를 사랑하는 것, 친구를 사랑하는 것, 부모님을 사랑하는 것과는 다른 온전히 나에게 모든 것을 맡기고 나를 빌어서 세상에 온 존재, 그 존재의 가치를 말이다.

오늘 인터넷 뉴스에 기사 제목이 떴다. '육아 스트레스로 아이들을 때리는 20대 엄마'라는 제목이었다. 하지만 그것이 진정 육아 스트레스일까? 나는 육아라는 것이 스트레스인 것을 인정하고 알지만(나 또한 겪었기에 잘 알고 있다.) 그 스트레스에 비해 아이들의 존재가 얼마나 깊고 영원하게 우리에게 행복감을 주는 지도 알고 있다.

예를 들면, 아이의 첫 옹알이가 시작되면서 단어가 되지 않는 소리만으로 엄마의 말에 반응하며 "떼떼떼...까까까..." 등으로 질문과 대답을 이어가던 순간, 또 아이가 첫 단어로 엄마를 시작할 때, 첫 걸음마를 위해 첫 발걸음을 뗀 순간, 그리고 댄스 음악에 손을 흔들며 춤을 추거나 엉덩이를 들썩거리던 순간, 유치원에서 누구나 주는 상에 의미를 부여하며 기뻐하는 아이를 보며 별것 아닌 상을 받아온 것을 알면서도 흐뭇하던 느낌, 엄마가 세상에서 제일 예쁘다고 말하는 아이의 거짓말(물론 아이들의 눈에는 그것이 진실이다)에 정말 내가 세상에서 제일 예쁜 기분이 들던 그때 등등...... 어느 한 순간도 행복하지 않은 때가 없었다.

여러분도 기억을 떠올려 보았으면 좋겠다. 우리가 아이들로 인해 얼마나 행복한지, 행복했었는지, 그런 순간의 기억들만으로도 우리는 아이에게 감사할 일뿐이라는 것을 알아야 한다.

오늘 인터넷 기사에서 제목은 기억이 잘 안 나지만, 육아 스트레스로 인한 아동학대가 20대 부모에게서 빈번하고, 가난할수록 더 심화되는 경향이 있다는 내용을 봤다. 그 경향이 10년 전에 한 조사의 결과지만 지금도 이어지고 있다는 기사였다.

그 기사의 첫 번째 지적은 가난한 부모일수록 자녀들에게 투자한 비용에 비해 자신들이 보상을 받지 못할 확률이 높기 때문에 투자를 하지도 않고 그렇기 때문에 상황에 대해 비관적인 생각이 들 때 아이들에게 스트레스를 푼다는 것이었다. 그런데 내가 의아한 것은 가난한 부모가 아이들에게 투자했을 경우에 되돌려 받지 못할 확률이 높다고 생각한다는 것이었다. 물론 어렴풋이 이해가 가는 것이 있다면, 자신들의 상황이 여유롭지 않은 이유로 부모님들에게 잘못하고 있기 때문이 아닐까 한다. 왜? 어째서? 내 자녀에게 주는 것이 되돌려 받아야 하는 부분으로 해석되고 있는지 잘 이해되지 않았다.

사람과 사람 사이에 '땡큐'에 대한 제스처가 굉장히 중요하다. 무언가 받았을 때 나도 감사를 표시하는 것은 지속적인 좋은 관계를 유지하는 데 많은 도움이 되기 때문이다. 그것을 부모와 자녀 간의 문제로 볼 때, 아이들의 '땡큐'는 건강하고 무탈하게, 자신의 삶을 행복하게 받아들이는 태도에서 찾아야 한다는 것이 아닐까? 왜 학원비를 돌려받아야 하는 부분의 하나로 보며 지불하는지 알 수 없었다. 그러한 사고방식이 아이들에 대한 학대를 만드는 것은 아닌지 생각해 봐야할 부분인 듯했다.

이 부분에서 부모가 자녀들에게 베푸는 투자가 교육비로 우선 생각되어서는 안 된다. 그것이 우선시 되는 것은 물론 대한민국 부모들의 문제가 아니고 정부의 문제인 것을 알고 있다. 하지만 우선 정부의 문제는 당장 바꾸기는 힘든 최종적 해결책의 한 부분으로 제쳐놓고, 기본에 먼저 충실하자는 의미로 이야기하자면, 우리는 아이들에게 주는 사랑, 그러니까, 아이들의 문제적 행동을 우리가 바라보는 관점을 바꾸고 기다리고 고마워하는 것이 학원비보다 먼저 지불해야하는 투자로 생각해야 한다. 즉, 바꿔서 말하면 부모로서의 인내심을 보여주는 것이 먼저 투자되어야 한다는 뜻이다.

아이들은 학원에 많이 다니면서 엄마가 돈이 부족하다고 불행해 하는 것보다 나를 보며 함께 웃어주는 시간이 더 필요하다. 아이들이 기어 다닐 무렵부터, 방안을 휘저어가며 다니면서도, 잠시 잠깐 가스 불을 잠그러 가는 엄마의 부재에도 울음을 터트린다. 아이는 엄마가 나를 바라보고 있는 것을 느끼고 있기 때문이다. 그리고 그것이 너무나 따뜻하고 행복하다고 느껴서, 아주 짧은 찰나의 순간마저도 엄마의 시선을 다른 곳에 빼앗기기 싫은 것이다.

아이들에게 되돌려 받는다는 것! 그것의 의미를 아이들의 무탈함, 행복한 삶을 살아가는 모습에서 찾을 때, 우리는 더 부모다울 수 있고 정말 더 많은 것을 되돌려 받을 수 있다. 진정 여러분이 무엇을 되돌려 받기를 원하든지, 여러분이 자녀를 진정으로 보살피고 지속적으로 사랑을 주고 아이들을 믿어줄 때, 우리들의 자녀들이 밝은 웃음으로 줄지 또는 엄마가 힘겨울 때 보태주는 돈으로 줄지는 모르지만, 어쨌든 세상 많은 기쁨과 삶의 보람을 더 크게 되돌려 줄 것이라고 나는 아주 굳게 믿는다.

혹시 지금 자녀가 기대치에 미치지 못해 힘이 든다면, 지금은 바라보며 미소를 지어주고 믿어주자. 그 따뜻한 눈빛이 서서히 자녀를 세상의 빛으로 자라나게 해줄 것을 믿으며 말이다. 당신의 기대치에 맞는 자녀가 되는 것이 아니라 이 세상의 미래로 자라기를 바라며 기다려주길 바란다.

04

고맙고 사랑해, 아가야!

아이가 태어난 첫날이 기억나는지?

잠든 신생아의 작디작은, 너무 작다고 표현해야 하는, 정말 저 작은 손에 손가락이 다섯 개가 있는 게 맞는지, 그리고 그 작은 얼굴에 정말 눈, 코, 입이 다 있는 것인지 확인하며 웃고 웃으며 우리는 속삭였다.

"아가야 태어나 줘서 고마워. 너무나 고마워."

그런데 어느 순간부터 우리는 아이에게 투덜거리거나 화를 내거나 그게 아니면 생색내기에 몰두한다. 정말 아기 낳던 순간의 힘듦과 아픔이 떠올라서 지난날을 이야기를 하고 싶어서 일수도 있다. 그래서 이렇게들 말하는 것을 주저하지 않는다.

"내가 너 낳느라 얼마나 고생했는지 니가 알긴 아니?"

당연히 아이는 모른다는 것을 우리는 이미 알고 있다. 설령 안다고 해도 그 아이의 말썽이나 울음, 떼쓰기 등이 아이가 자라는 자연스러운 과정이라는 것 또한 우리는 잘 알고 있다.

어느 순간 우린 그 아이가 태어나 줘서 얼마나 고마웠는지, 우리가 그 아이의 무사한 탄생에 얼마나 기뻤는지를 잊어버린 것이다. 내가 너 낳느라 힘들었다는 우리의 푸념에 아이들이 이렇게 대답한다면 어떨까?

"누가 낳아 달랬어?"

얼마나 타당한 항변인가? 생각해보면 걔들이 우리가 낳았던 고생을 모르는 것처럼, 그 아이들도 우리에게 낳아달라고 한 적이 없다. 그러니 무승부다.

태어나 준 것인지, 낳아준 것인지 깊이 있게 따져보자. 우리는 아이를 가지기 위해 노력하거나 혹은 즐기기는 했다. (즐김은 아니라고 우겨도 이미 애들은 알 것 다 안다.) 그러니 우리는 아이를 가지기 전의 전초전에 책임이 있고, 아이들은 정말 어떠한 의사도 표시한 적이 없으니, 그들 입장에서도 낳아준 줄 아냐고 따져 물으면 짜증날 것이다. 그러니 아이들은 태어나 준 것이 아닐까라는 생각이 든다.

우리 엄마는 나를 셋째 딸로 낳고는 너무 화가 나서, 아니 스스로에 대한 서러움이 너무 커서, 아니 하나를 더 낳아야 한다는 부담감과 다음번에도 아들일지 딸일지 모를 불안함에 휩싸이는 게 너무 싫었던지, 하여간 나한테 젖을 물리지 않았다고 한다. 더 큰 비밀을 나중에 들었다. 태아인 내가 딸인 것을 확인하고는 인공유산을 하기 위해 산부인과로 가기로 했다. 그 직전 들린 점집에서 만약 나를 유산시키면 다음번에는 절대로 아들을 낳을 수 없다는 점괘를 들었다. 산부인과에서도 인공유산을 시키면 자궁이 약해져서 다음 임신이 안 될 수도 있다고 했다. 덕분에 나는 태어났다. 첫 번째 생명의 은인은 그 용한 점쟁이고 두 번째는 산부인과 의사 선생님이다. 점쟁이의 신통력과 산부인과 원장의 과학적, 의학적 근거로 인한 조언이 나를 이 땅에 태어나게 한 것이다.

그럼 나는 낳아주신 것일까? 내가 태어나 준 것일까? 내 생각에는 점쟁이와 의사 선생님에 의해 태어날 수 있었던 것 같다. 이 정도면 엄마와 나는 무승부가 아닌가? 그런데도 나는 늘 엄마가 날 낳아준 것으로 생각하고 은혜를 갚으려고 노력했다. 오히려 내가 은혜를 갚아야 할 두 분, 점쟁이와 의사 선생님은 누군지도 모른다.

부모인 우리는 아이들에게 엄청난 사랑을 주는 듯하고, 부모의 사랑은 끝이 없다고 이야기하고 낳아준 은혜를 잊지 말라고 하면서 왜 아이들이 태어나던 순간의 감사함은 잊는 것일까? 아이들의 배냇짓에 그리고 아무 의미 없는 옹알이에 감격하던 그때를 그리 쉽게 잊고 마는 것일까? 기억도 나지 않는 태어나던 그때를 생각해보라고, 힘들었노라고 말하면서 그 아이들에게서 얻은 기쁨은 왜 그리 빨리 잊는 것일까?

아이가 또래에게 맞고 들어오면 내가 분한 것부터 생각해서 화내고, 너도 때리고 오라고 윽박지른다. 그 아이가 친구에게 맞으면서 얼마나 많은 생각이 들었을지(왜냐면 엄마가 평소에는 친구를 때리지 말라고, 특히 친구들 엄마 앞에서 친구를 때리면 더없이 그럼 안 된다고 하던 기억들이 더 많으니까), 그리고 혹여 힘이 약하거나 상황이 그래서 맞을 수밖에 없어서 힘들었을 마음보다 짜증나는 자기 기분부터 중요시 여기는 것이 우리의 모습 아닐까? 아이를 사랑하기 때문에 내가 널 어떻게 키웠는데 맞고 다니는 것이냐고 속상해 하는 우리는 아이가 태어나던 순간의 감사를 잊고 사는 것은 아닌지 생각해봐야 하지 않을까?

우리가 아이들을 선택한 것이지 아이들이 우리를 선택한 것은 아니다. 큰아이를 가진 것도 둘째 아이를 가진 것도 낳기로 선택한 우리의 합의였다. 아이가 뱃속에 생겼을 때 우리가 얼마나 영화같이 기뻐했었는지 생각해보라. 우리는 왜 기뻤을까? 우리의 가정이 온전해 지는 듯하고 우리가 사랑한 결과물을 얻는 듯해서 무언가 어른이 더 확실히 되는 것 같고, 우리가 더 견고하게 사랑하게 될 거 같고, 하여튼 우린 많이 기뻐했다(원하지 않은 임신이었다고 해도 낳았던 순간을 잊지 말자). 우리는 아이들을 선택했다. 우리 가정이 더 완벽해지는 것을 바라면서!

그런데 우린 잊는다. 그 아이들이 태어나게 해달라고 한 것처럼 착각하고 산다. 아이의 입장에서 생각해보라. 따뜻하기만 했던 엄마 뱃속에서 갑자기 힘들게 태어나서, 차가운 공기 속에 밑도 끝도 없이 나와서, 왜 맞는지도 모르고 엉덩이는 두들겨 맞고 크게 울면 갑자기 사람들이 기뻐하고 누군지 모르는 사람이긴 한데 냄새는 익숙한 누군가가 눈물 흘리며 자신을 안고 감사하다고 말한다. 그렇게 힘들게 태어난 후 일 년 정도 편히 살고 나서 걷기 시작하고, 이것저것 필요해서 참는 게 뭔지도 모르는데 너무 늦다고 여기고 울다보면, 엄마의 감사보다 투정에 익숙해지게 되는 순간들이 계속된다. 그래서 아이는 더 많이 울게 되고 부모인 우리는 태어나 준 것에 대한 감사를 잊고 낳아 준 것에 감사만을 요구하다 보면 아이와 부모는 멀어지게 된다. 감사가 감사를 낳는다는 이론에는 빠삭한 우리가 투정으로 투정을 알게 해 주며 살아가게 되는 것이다.

아이가 요즘 속 썩이고, 말 안 듣는지? 그럼 낳아준 것에 감사하라고 하지 마라. 태어나 준 것에 처음처럼 고마워하고 표현하라! 만약 이렇게 되면 아이가 가장 먼저 놀랄 것이다. 말을 안 듣는 것도 멈추고, 엄마에게 투정 부리는 것도 멈출 것이다. 그리고 이렇게 저희들끼리

수군거릴 것이다.

'엄마 왜 저래?'

'혹시 엄마 암이야?'

만약 소리 내서 이런 질문을 해온다면 즉시 대답하라!

"그렇게 물어봐 줘서 고맙다. 한동안 네가 태어나 줘서 얼마나 고마운지 잊고 살았구나. 정말 늘 고마운데 제대로 표현을 못했어. 미안해. 사랑해."

아이가 기절하지 않는다면 아이도 달라질 것이다. 그리 오래 걸리지 않을 것이다. 한 2주 정도? (엄마가 암이 아니라고 했지만, 불치병이 아니라는 것을 확신하기까지의 시간이 2주 정도일 것이다.) 감사를 반복하다보면 아이도 알게 된다. 엄마가 날 낳아주셔서 얼마나 감사해야 하는지를 말이다. 얼마나 내 엄마가 나의 엄마여서 감사한 일인지 알게 될 것이라고 감히 확신한다.

잊지 말자. 감사가 감사를 낳음을! 아이도 감사가 얼마나 큰 기쁨인지 알게 하자. 모두 할 수 있다. 우린 엄마니까... 아이들이 우리를 위해 태어나줬으니까...

05

둘째가 열어준 세상

아이에 의한 기쁨이 열 배가 되던 날

우리는 간절히 원했다. 첫째 출산 후 우리의 부기와 지방이 순식간에 없어져 주기를 간절히 원했다. 그러나 곧 우리는 절망했다. 둘째를 낳고 나니 살도 안 빠지고 대충 서른이 넘어 낳는 아이의 임신과 탄생이 우리의 몸을 얼마나 힘들게 하는지 알고는 절망했다. 그래서 우리 모두는 정말로 힘들어 했다.

둘째의 진통 때 나는 생각했다.

'이건 사람이 할 짓이 아닌데... 아, 잊었었구나. 그러니 또 이 짓을

하지. 내 다시는 이 짓을 되풀이하지 않으리라! 내 인생에 셋째 아이는 없다.'

나는 산통 속에서 이렇게 다짐하고 다짐했다. 아마 우리들 대부분이 나와 비슷하리라! 그런데도 셋째 아이를 낳는 이들은 기억력이 형편 없거나 남편을 너무나 사랑하는 부류일 것이다.

이렇게 헤매고 있을 때 입원실 문 밖에서는 남편과 일곱 살 딸아이가 까르르 웃고 있었다. 너무나 화가 났다. 그들은 김밥과 프렌치토스트를 너무나 맛있게 먹고 있었다. 나도 너무나 먹고 싶었다. 진짜 배가 고팠다. 그렇게 8시간 정도의 진통을 하다 분만실로 들어간 나는 의사 선생님께 하소연했다.

"저 좀 도와주세요. 살려주세요."

그러자 의사가 냉랭하게 대답했다.

"이건 누가 도와주는 게 아니에요. 스스로 하셔야죠."

나는 그 대답에 절망했다. 어쨌건 낳아야 했다. 일단 낳아야 안 아프니까. 거기서 아픈 사람은 나뿐이니까. 제일 급한 것은 나니까 분만실에 들어간 후 최선을 다했다. 그렇게 한 시간여 만에 둘째 아이를 낳을 수 있었다.

아이의 울음소리가 들렸다. 간호사가 아이를 내 품에 안겨 주었지만 아이의 그 예쁜 얼굴을 보고도 나는 멍했다. CF 속 엄마의 기쁜 눈물이나 웃음 같은 것을 나는 짓지를 못했다. 왜냐면 나는 너무 아팠고, 정신이 멍해 있었기에 남편의 말소리조차 안 들렸다.

"자기 봐봐. 우리 민준이(둘째의 태명)이야."

나는 그냥 애기 얼굴을 멍하니 보고만 있었고 뒤로 분만의 후속처리가 이루어졌다. 문 밖에서는 큰아이의 "우와 동생이다"라는 소리와 가족들의 웃음소리가 들렸다. 내가 태반과 탯줄을 빼내기 위해 다시 힘을 주고 주사를 맞는 동안 밖은 축제 분위기였다.

나는 유도분만의 힘겨움 때문에 병실로 옮겨 잠들었고, 산모가 너무 고생을 했으니 아기는 아기 보호실에서 오늘 하루는 재우겠다고 간호사가 말했다. 나는 걸을 수 없는 상태였고 돌아눕기도 힘든 상태였기에 아기를 대기실에 재운다는 것이 좋은지 싫은지도 몰랐다. 큰아이는 낳은 순간부터 내가 데리고 있어야 하는 아주 작은 산부인과이었기에 선택의 여지가 없이 한 방에서 지냈다. 그런데 둘째는 너무나 힘든 출산이어서 내가 데리고 있지 못했다. 또 다시 선택의 여지가 없었다. 나중에 구성애 원장님이 어느 강의에서 아이가 태어나서 2시간에서 3시간 이내에 젖을 물리는 것이 좋다는 것과 아이가 엄마와 같은 공간에 있는 것이 좋다는 것을 알게 된 후로 긴 시간 이 선택을 후회했다.

그 다음날 아침에야 나는 조금 정신이 들었다.

“애기 데려와 줘.”

나는 친정엄마에게 간신히 말했다. 엄마는 내 요구를 들어주었다. 아기가 들어와서 아기 침대에 누워 있는 것을 본 순간, 나는 다시 어제처럼 아파도 저 아이를 다시 낳을 것이라고 생각했고 너무나 행복했다. 나는 걸을 수 없어서 좌욕실에 갈 때면 휠체어나 남편의 발을 밟고 가야했다. 나는 지금보다 더 힘들게 걷는다고 해도 저 아이를 반드시 낳고 싶을 것 같았다.

그리고 세월이 흐르고 둘째도 어느 정도 자라고 나니, 둘째의 탄생을 그토록 기뻐하던 첫째 아이는 괜히 동생을 낳아달라고 했다면서 짜증나 죽겠다고 툴툴거렸다. 둘을 차 뒷좌석에 태우고 다닐 때면 끊임없이 싸워댔다. 한 시간 이상 싸움이 지속되면 도저히 정신이 없어서 운전을 못할 지경까지 가기도 했다. 그런데도 나는 그 싸우는 소리가 싫지 않았다. 둘이 싸울 수 있어서 둘의 여행이 덜 지겹고 둘 사이에서 또 다른 사회를 배우며, 또 둘 사이에 핏줄의 정이 생긴다고 믿기에 그 둘의 싸움마저 나는 행복했다. 그것이 내게 아이를 한 명 키울 때보다 열 배는 행복하다고 생각하게 만드는 시간들이 됐다.

큰아이가 덜 외롭기에 기뻤고, 사회를 배우는 기회인 것을 알기에 기뻤고, 차 안이 썰렁하지 않게 느껴지게 하는 그 싸움이 때로는 나와 대화의 창이 되어 무언가 알려 줄 수 있는 기회가 되어 기뻤다.

나는 둘 사이의 싸움을 잘 중재하지 않는다. 싸움이 매우 격해지거나 위험해질 것 같지 않은 이상은 중재하지 않는다. 둘 사이에는 반드시 둘만의 룰이 생겨야 하고, 그것은 둘이 결정할 때 가장 잘 지켜질 것이라고 믿기 때문이다. 나와 내 남편은 언젠가 그 아이들을 떠나야 하고 그 둘은 각자의 가정을 가지고 있겠지만, 그래도 그 둘 사이에 지켜져야 하는 자신들의 규칙과 정이 결정되어 있고 지켜져 왔다면 우리가 없는 세상에서도 둘은 서로를 지키고 믿고 나누며 살 것이라고 믿는다.

물론 힘의 균형이 늘 지켜지는 것은 아니고 어느 한쪽에 일방적인 우위가 지속되거나 눌리거나 하면 나는 중재를 하지만, 어느 한 쪽에 잘못을 지적하기보다는 우선 억울한 쪽의 이야기를 듣고 위로를 먼저 한다. 그러다 보면 힘의 우위를 빼앗긴 쪽에서 반대쪽을 때리라고 이야기한다. 왜냐면 둘 사이의 폭력은 절대 용납하지 않기 때문에 둘의 싸움은 절대 폭력으로 이어지지 않는다. 특히 큰아이는 딸이고 둘째는 아들이기에 아들이 딸을 때리는 것은 절대로 용납하지 않는다.

어느 날은 둘째가 울면서 말했다.

"나 다시 태어나서 누나의 오빠가 돼서 누나를 한 대만 때려봤으면 소원이 없을 것 같아."

내가 단호하고 낮은 음성으로 천천히 대답했다.

"네가 오빠여도 누나를 때리는 일은 엄마가 용납하지 않아. 왜냐면 누나는 여자니까. 여자를 때릴 수는 없어, 절대!"

그리고는 아들을 꼭 안아 주었다. 그 후 내 아들은 오빠가 되고 싶다는 이야기를 멈췄다.

둘은 서로 이야기한다. 누나를 때리라고, 동생 좀 때리라고. 그럴 때마다 나는 당연히 동조한다.

"그래, 엄마가 꼭 때려 줄게. 정말 속상했구나. 엄마라도 그럴 거 같아."

그럼 아이들은 내게 이야기한다.

"절대 안 때릴 거 알아. 때린 적이 없잖아!"

하하, 미안하지만 나는 정말 잘 안 때린다. 때려 본 적이 없다는 것은 아이들의 착각이지만 정말 나는 때리지 않으려고 노력한다. 폭력으로 배울 수 있는 것은 폭력뿐이기 때문이다.

나는 아이가 둘인 것이 너무나 행복하다. 아이가 하나라면 이 기쁨을 절대 느끼지 못할 것이다. 사건이 더 많이 일어나서 이야기를 더 많이 나눌 수 있고, 그래서 더 많은 에피소드가 생기고 추억이 더 많이 생겨난다. 그래서 긴 세월이 지난 후에는 또 더 많은 이야깃거리가 생기고 또 더 나누게 될 것이다. 아이가 하나라면 절대 불가능했을 나눔이 생겨나는 세상, 이것이 내게 둘째가 열어준, 기쁨이 열 배가 되는 세상이다.

지금 늘어나는 아동학대는 소통의 기쁨을 모르고 소통의 방법을 모르는 어른이 만든 사건이다. 결핍을 가진 어른들이 만드는 사건이다. 그들이 아이들의 순수함을 나누는 소통의 기쁨을 부모와 나누고 배웠다면, 그들은 그 소통이 주는 기쁨을 알고 있다면 학대는 절대 할 수 없었을 것이다. 우리가 좀 더 아이들의 언어에 귀 기울인다면 우리가 얼마나 행복한지 알 수 있다. 아이들은 진정으로 사랑을 할 줄 아는 유일한 존재일지 모른다. 그 순수한 사랑을 받으면서도 그것이 우리가 베푸는 줄 알고 사는 어른들의 세상이 이제는 달라져야 하지 않을까?

사람은 배신한다. 친구도 배신한다. 그런데 아이들은 배신하지 않는다. 주는 사랑만큼 아름다워지는 것이 아이들이라는 사실을 잊지 말자. 그래서 아동학대 같은 것은 세상에 원래 존재 하지 않았던 것처럼 아예 세상에서 사라지기를 바라고 또 바란다. 아이들처럼 아름다운 것은 이 세상에 존재하지 않음을 우리가 알고 가면 얼마나 좋을까? 세상에서 가장 아름다운 꽃은 "사람 꽃"이다.

06

어느 날 갑자기 아이가 우리보다 빨리 뛰고 있다는 것을 알게 될 때

해외에 나간 경우라고는 중국으로 두 번 출장을 다녀온 것 외에는 평생 단 한 번도 해외여행을 안 해본 내가 한동안 영국에서 생활을 하게 되었다. 영어를 is와 was에 대한 구분도 못하는 내가 아이들과 셋이서 물건이라도 사거나 음식이라도 주문을 하려고 들 때 우리 아이들은 손사래를 치며 나를 말리곤 했다.

나는 몰라도 용감한 것 하나로 살아가는 터라 그냥 문법이고 뭐고 관계없이 this를 외치거나 NO! 또는 가끔 "응"이라고도 하기 때문에, 아이들은 내가 말하는 것을 몹시도 꺼려했고 말렸다. 그럴 때의 기분을 설명하자면, 아이가 물어보는 수학문제를 모르는 것과는 좀 다른 기분이다. 수학도 못할 수 있고, 영어도 못할 수 있는데 막상 현실에 부딪쳐서 벙어리가 되어야 하는 것은 좀 다른 문제였다.

아이들이 나보다 나은 것은 기쁜데, 기쁜 것은 둘째 문제고 너네들이 뭔데 싫어지기까지 한다. 속이 좁아진다는 뜻이다. 왜냐면 쪽팔리니까. 그 쪽팔림을 극복하는 때는 아마도 내가 아이들보다 영어를 못하니까 조용히 하는 게 덜 쪽팔리다는 것을 인정할 때였던 것 같다. 예가 적절한지 잘 모르겠지만 우리가 가끔씩 가장 받아들이기 힘들어하는 것은 아이들이 우리보다 나아지고 있다는 것이 아닐까라는 생각이 들었다.

아빠들이 아들과 축구를 할 때 공놀이가 지겨워지거나 체력이 달릴 때쯤 가장 잘하는 행동이 있는데, 공을 굉장히 멀리 뻥하고 차는 것이다. 굉장히 멀리 차버려서는 아이가 그 공을 주워서 돌아올 때까지 시간을 버는 것, 그래서 그 시간 숨 좀 돌리고 있다가 아들이 돌아오면 외친다.

"야 인마, 그것도 못 받아?"

좀 양심적인 아빠는 이렇게 말한다.

"왜 그렇게 늦게 주워오니?"

긍정적으로 보자. 지는 쪽은 내가 아니라 너라는 것을 알려줘서 더 열심히 하도록 하려는 눈물겨운 아버지의 마음일 수도 있다.

그러다 보면 어느새 아들은 성장하고, 아빠가 공을 뻥하고 멀리 차 버릴 시간을 주지 않을 만큼 자라나 있다. 그렇게 되면 공을 못 받는 일도 줄어들고 주워오는 시간이 오래 걸리는 시기도 끝이 난다. 그렇게 아이들은 아빠보다 더 빨리, 더 멀리 달릴 수 있는 시간이 오는 것이다.

그런데 왠지 그런 순간들이 오면 조금의 씁쓸함이 입 안에 감도는 이유는 무엇일까? 나보다 아이가 나은 존재이기를 바라고 키우고, 남색에서 나온 쪽빛이 더 푸르기를 바라야 하는 것이 당연한데도, 우리는 그것에 화를 내고 있다. 남모르게 이긴 해도 화가 조금 나곤 한다. 내 아이가 눈부시도록 빛나길 바라고 키우면서도, '어디다 감히'라는 생각이 들어 화를 내는 일이 부쩍 늘어난다. 나는 정말 좀처럼 아이들에게 화를 안 내는데도 가끔 속으로는 '어디다 감히'라는 생각이 드는 것을 보면, 나도 아이가 나보다 빨리 뛰는 순간이 오는 것을 두려워하는 것은 아닌가라는 생각이 든다.

10대의 아이들은 자신의 의견이 존중되지 않을 때 화를 자주 내고 짜증스러워 한다. 자신의 의견이 뚜렷해지고, 자신들의 생각이 이제는 더 이상 미숙하지 않다는 것을 강하게 느끼기 때문이다. 그러니까 풀어서 이야기하자면 엄마나 아빠의 생각보다 지금 이 시대를 더 많이 아는 내가, 즉 십 대인 자신이 더 이 상황이나 자신에 대한 판단을 정확하게 하는데, 자신의 생활이나 모든 상황을 속속들이 알지도 못하면서 아는 척하는 것에 대한 항의일 것이다.

그런데 우리의 생각, 즉 부모의 생각은 다르다. '니들이 알아봤자지' 싶고, '세상 험한 줄 모르는 판단'이면서, '얼마나 미숙한 생각인지도 모르면서 까불지 마라' 싶다. 그러니 '제발 부모인 우리말 좀 들어라, 제발' 하고 외치게 된다. 자식들은 부모가 지켜주는 지붕 아래서 생활하는 안정된 삶을 누리고 있다. 정글 같은 사회에 비하면 탄탄한 부모가 있는 집안과 집 앞에 있는 정원 같은 학교생활을 하면서 그들이 판단이라는 것을 한다는 자체가 위험하다는 것을 우리는 알고 있다. 우리가 자기들을 보호하기 위해 얼마나 애쓰는데 그 마음도 모르면서 자기들이 알아서 하겠다고 나서는 것이 자식들이다.

그래서 아이의 성장을 성장으로 인정하지 못하고 화가 나고, 듣지도 않고 막아버리고, 때로는 생각이라는 것이 있기는 한 것인지 아이들에 대해 의심하고 걱정하고 화를 낸다. 나는 부모와 자식 양쪽의 입장이 모두 맞는다고 생각한다. 어느 한 쪽으로도 생각이 기울어지지 않는다. 나는 분명히 현재 부모임에도 십 대였던 날 떠올려보면 내 생각도 얼마나 틀린 것이 아니었는지 분명히 알 수 있다.

'부모들은 아무것도 모른다.'라는 10대들의 생각은 어떻게 보면 정말 100% 정확하기까지 하다. 왜냐면 교실에서 친구들이 날 어떻게 쳐다보는지, 그리고 그 친구 중에 누군가 날 무시했거나 했을 때의 상황에 대해 예민해지는 내 심적 상태가 어떤지 부모님들은 모른다. 어느 정도 수준의 무시였던 간에, 그 정도는 아무것도 아닌 것이 된 어른이 아닌 나로서의 입장에서의 상처를 부모는 모르고 있기 때문이다. 그리고 내가 생리를 하는 때는 얼마나 까칠해지는지 그 정도가 다들 다르고, 그런 경우는 다반사인 여자들의 생활일지라도 나는 세상 유일하고 누구도 나와 똑같이 느끼거나 나 정도만큼만 딱 까칠할 수는 없다. 그러니 내 삶의 모든 것을 다 안다고 말하고, 조용히 하라고 아무것도 모르면서 제발 공부나 좀 더 하라는 말이 잘못된 것은 아닐지라도 자식인 '나'의 입장에서는 정말 100% 틀린 말이기 때문이다.

그러니 내 세상에서의 나를 모르는 부모가 싫을 수밖에 없다. 그 십 대인 소녀, 소년들이 부모를 사랑하지 않아서가 아니라, 나를 너무나 이해해주지 않기 때문에 부모가 싫어진다. 내가 더 빨리 뛸 수 있는데 아니 뛰고 있는데 오래된 자신들의 늦은 걸음에 나더러 맞추라고 한다. 왜냐면 '세상은 위험하니까 그리고 너를 너무나 사랑하니까'라고 하면서 말이다.

어느 날인가의 일이다. 나는 내비게이션을 새로 구입하게 되었고, 그 내비게이션은 산 지 얼마 되지 않았는데, 어느 구간에서는 삑삑거리면서 차가 고장 난 것보다 큰 경보음이 울리고는 했다. 나는 너무나 놀라서 차가 고장이 났다고 생각했고, 자동차 AS에 예약을 하고는 예약 날짜를 기다리고 있던 중, 그 경보음의 정체가 내비게이션인 것을 그리고 그것이 고장이 아니라는 것을 열 살이던 내 아들을 통해 알게 되었다. 아들을 태우고 그 도로를 종종 다니면서, 달리는 동안 그 경보음이 날 때마다 나는 심장이 두근거리고 혹여 자동차가 고장이 난 것이라면, 나만 탔을 때 사고가 났으면 좋겠다는 기도를 했었다. 그 근심 속에 휩싸인 내 얼굴을 보고 아들이 말했다.

"엄마 내가 이 경보음을 들어보니까, 어느 특정 구간에서만 나는데 그건 아무래도 이 내비게이션이 속도 측정을 하는 곳에서 경보음을 내는 것 같아."

나는 그제야 속도측정계가 있는 곳을 지날 때마다 그 내비게이션이 소리를 내고 있는 것을 알게 됐다.

나는 무조건 큰 문제라고 생각하고 유별나게 굴었고, 내 아이는 운전을 하지 않기 때문에 주변과 내비게이션 반응을 차분히 알아차릴 수 있었던 것이다. 사실 아이는 그 전에 이미 두 번 정도 똑같은 말을 했다.

"가만히 좀 있어!"

그때마다 나는 오히려 짜증을 냈고 남편에게 전화를 걸어 어쩌면 좋으냐고 난리를 피웠다. 그 와중에도 내 작은 아이는 그 사실을 어린 아이의 시각으로 살펴보고, 작은 문제로 축소해서 살필 수 있었던 거였다. 내가 만약, 끝까지 그 아이 말이 맞는다는 생각조차 안 해봤다면, 나는 자동차 정비소에 비싼 정비료를 물어야 했을 것이고, 그러고 나서도 그 문제를 해결할 수 없지 않았을까?

이렇게 아이들이 바라보는 시각은 우리와 다르고, 우리가 틀릴 수도 있는 경우를 간과해서는 안 된다. 부모와 자녀 둘 다 맞을 수도 있고, 둘 다 옳지 않을 수도 있다. 삶이라는 것은 그리고 그 순간에 따른 감정적인 처리와 대응하는 삶의 태도는 수리적인 부분이 아니지 않은가? 둘 다 맞을 수 있다. 그리고 부모인 우리가 옳지 않을 수 있는 것에 대한 경우도 생각해 볼 수 있어야 한다. 삶은 결과가 아니고 그 아이들의 10대가 후회스러울지 아닐지는 우리가 신이 아닌 이상 명확하다고 주장할 수는 없다.

가만히 돌아보면, 아이들은 어느 순간 우리보다 빨리 뛸 수 있다. 아니 뛰고 있는 순간이 분명히 오는데, 그것이 10대인 그때는 아닐지라도, 아니 어쩌면, 그 10대인 순간에도 우리보다 빨리 뛰고 있는 부분의 삶이 있다. 그런데도, 우리는 계속 네가 나보다 빨리 뛰어야 한다고 재촉하고, 그 순간이 아이가 20대가 되어서도 30대가 되어서도 자신들보다 어리다는 이유로 그들이 우리보다 더 빠른 걸음으로 걷고 있고, 뛰고 있고, 앞서 있는 모든 생각과 판단을 인정해주지 않는다. 아니 그럼 언제 내 자녀들이 우리보다 앞서서 나아갈 수 있는 것일까?

너무나 분명한 것은 그 아이들도 우리보다 더 바르게 더 정확하게 보는 것이 있고, 어느 순간 그 아이들은 모든 면에서 우리를 앞질러 있을 것이라는 점이다. 그런데 우리에게 그것이 조금 섭섭한 일이긴 하지만, 우리가 바라는 일인 것을 잊어서는 안 된다. '슬프긴 뭐가 슬퍼?'라고 반문하신다면 그렇게 생각하신 분은 분명히 진정 좋은 부모일 것이고 반문하지 않은 분들도 좋은 부모일 것이다.

하지만 슬프다. 어느 순간 우리가 늙어있고, 더 늙어가서 아이들에게 어떤 영향력도 행사 못하고 죽을 때까지 재산은 넘겨주지 않아야 (그것도 재산이나 있을 경우) 아이들을 자주 볼 수 있다는 말을 주고 받아야 하는 때라는 것이 말이다.

신문지 뭉치를 돈인 척하고 금고에 넣어두고 죽을 때까지 효도를 받았다는 어느 늙은 노인의 이야기에 교훈을 얻는 때가 온다는 것이 슬프지 않을 수 없다.

내가 말하고자 하는 것은 아이들이 성장하는 것을 슬퍼하지 말라는 것이 아니라 아이들이 지금도 우리보다 나은 점이 있다는 것을 간과하지 않아야 한다는 점이다. 아이들이 얼마나 독립된 인격체인지 알아야 한다는 것을 말하고 싶다. 아이들은 내 것이 아니다. 아이들은 태어나는 순간 내 것이 아니고, 그 아이 인생의 것이다. 그런데 우리와 함께 해주고 우리에게 태어나서 우리의 아이가 되어 줘서 우리의 자랑이 되어 주고, 우리와 사랑을 주고받고 있는 것이 감사한 것이지, 우리가 책임지는 부담스러운 생명체가 되어서는 안 된다. 그리고 우리의 인생을 보상해 주는 존재가 되어서도 안 된다.

내 작은 아이, 우리 둘째 호연이, 지금 12살의 남자아이는 자신의 의견을 어느 순간에도 굴하지 않고 말한다. 우리 부부가 소리치며 제2차 세계대전 못지않은 부부싸움을 하는 순간에도, 그는 우리 방에 들어와서 자신의 의견을 말하고 서 있다. 우리가 이러는 것이 우리에게 왜 이롭지 않은지, 그리고 우리 양쪽 모두 무엇을 잘못하는지 뼈아픈 부분까지 자세히 설명해서 어느 순간에 아들 녀석에게 더 화가 나기도 한다. (왜냐면 난 잘못한 것 하나도 없는 것 같은데 나더러도 잘못했다고 이야기하기 때문에 화가 난다.)

그런 시간을 가지면서 내가 얻어낸 결론은 이 아이도 인격이라는 것이 분명히 존재하고, 그 아이의 세상도 분명히 하나의 세상임을 인정하게 되었다.

어느 순간 '저 작은 아이가 저토록 나보다 앞서가고 있었구나. 우리 부부의, 우리 가정의 상황에 대한 판단이 나보다 앞서 있구나.'라는 생각을 하게 됐다.

물론 그 아이 판단이 내 입장에서 볼 때 옳다는 것이 아니다.(내편만 들어주지 않는다. 진짜 짜증나고 화가 날 때도 많다.) 물론 내 남편의 상황에서도 다를 것이다. 우리 부부싸움에는 전혀 끼지 않는 독립적인 내 딸의 판단에서도 다르다. 누가 옳다고 말할 수 있지 않으니, 누구의 판단에 따라 그 아이의 생각에 잣대를 댈 수 없다. 그 아이의 시각에서 우리 부부싸움이나 가정의 안정을 위해 내린 판단에 우리는 화를 낼 수 없다. 그 아이의 판단도 우리 가족 네 명 모두의 의견과 같이 중요하게 여길 수밖에 없다. 그리고 내 입장을 아이에게 전달하고 아빠의 입장도 전달하고 우리 가족의 삶을 조율해가며 이해를 구해야 한다고 생각한다.

나보다, 그러니까 부모인 우리보다 아이가 빨리 뛰고 있는 부분이 있다는 것, 즉 아무리 어린 아이여도 그 아이만의 소중한 세상이 존재하고 있다는 것을 우리는 알아야 한다. 사실 우리는 자식들이 우리보다 빨리 더 높이 가기를 소망하지 않는가? 그러기 위해서는 아이를 양육하는 순간순간 그 아이의 세상이 우리보다 작다고 말해서는 안 된다. 이해를 구하고 이해를 해주고, 그런 과정을 거치면서 함께 가족으로서 살아가는 것이 모두에게 너무나 중요하다. 그래야 어느 순간 아이들이 더 높이, 더 빨리 가고 있는 것에 대해 화가 나는 일도 없고 무기력해지지 않을 수 있을 것이다. 내 아이들 말고도 다른 가정의 아이, 또는 새로 얻은 내 남편의 아이, 또는 재혼한 아내의 아이까지도 사랑을 나누어 가면서 아이들을 더 건강히 키워내는 우리였으면 좋겠다. 그래서 모든 가정에서 아주 작은 아동학대까지도 없어지길 바란다. 아이들이 높이 더 빨리 더 아름답게 살아가게 해주는 것이 곧 우리의 미래까지도 아름답게, 더 높게, 더 크게 이루어가는 길이다.

더 빨리 뛰어가길 원하면서, 빨리 뛴다고 화내지 말자. 우리는 그 아이들을 너무나 사랑하지 않는가?

07

딸에게만 피임 교육을?

나는 첫 딸을 낳았다. 누구나 아니 대부분 그렇듯이 신혼 시절 남편을 너무나 사랑했었고 남편 닮은 첫 아들을 낳는 것이 나의 꿈이었다. 그래서 남편 사진을 보며 태교를 했었고, 내 눈에는 남편이 가장 잘생긴 남자였다. 현실은 남편 닮은 덩치에 남편의 가장 큰 장점인 큰 눈이 아니라 작은 내 눈을 닮은 딸을 낳았고, 나를 꼭 닮은 아들인 둘째를 낳고 말았지만 내가 조작한 것도 아니고, 하늘의 뜻이려니 하니 지금은 마음이 편하다.

하여튼 첫 딸을 낳았다. 그 아이는 나에게 삶의 전부가 되었고, 말 그대로 쥐면 터질세라 불면 날아갈세라 키웠다. 그렇게 아이가 네 살이 될 무렵, 한참 유아 성폭행이 이어지고 사건화 되고 아이들의 토막

시체가 나오는 등 참혹한 일들이 연이어 터졌다. 그러자 방송에서는 앞 다투어 그 사건들을 다루고 피해를 막아야 한다는 시사프로그램들이 봇물처럼 쏟아져 나왔다. 나는 그 당시 아들만 가진 엄마들과 함께 시간을 보내는 일이 잦았고, 아들 가진 엄마들과의 교류가 한창이었다. 그래서 그러한 시사프로그램이 방영된 다음날 딸 가진 엄마로서의 두려움을 이야기하며 그 프로그램을 봤냐는 이야기를 하게 되었는데, 그 중 아들 가진 엄마의 답변이 어이없었다. 그 답변이라는 것이 그 전날 그러한 방송을 하기에 남편한테 '볼래?'라고 물었더니 남편 왈 "우린 아들만 둘인데 그런 걸 뭐 하러 봐" 하더란다. 그래서 자기도 그 말이 옳은 듯해서 자기네는 안 봤다고 말한다.

나는 그 당시 답변할 가치조차 못 느꼈다. 저러한 문제를 만드는 것은 성폭행을 당하는 유아가 아니고 여성이 아니고, 남자라는 사실을 모르는 저들 부부에게 무어라 말할 가치도 용기도 안 생겼다. 피임 방법을 알려 줘야 한다는 주제에 웬 성폭행 이야기인가 싶지만, 성이라는 것에 대해 올바른 이해를 배운 남자 아이들은 저토록 심한 행동을 하지 않을 것이라는 나의 짐작으로 인한 서두이다.

만약 부모에게 성이라는 것이 얼마나 여성에게 상처를 입힐 수 있는 도구이며 그것을 잘하고 올바른 방법으로 나눌 때 아름다운 것이 되고 생명의 탄생을 이루기도 한다는 것을 제대로 배웠다면 어땠을까? 원하지 않는 생명을 만들지 않아서 고통과 사회문제를 만들지 않을 수 있다는 것을 배운다면 저토록 잔인한 짓은 하지 않을 것이다.

내 친구 중 한 명인 S는 어느 더운 여름날 구의동 한 큰 호텔에 묵다가 수영장에서 파티가 펼쳐진 것을 봤는데 그곳에는 비키니를 입은 정말 예쁜 아가씨들이 춤을 추고 있었다고 한다.

그 다음날 동네 아주머니들과 그 이야기를 했더니, 그런 여자애들이 문제라면서 혀를 차더란다. 그래서 내 친구가 항변했단다.

“아니 왜 그 여자애들이 문제인거야? 몸매가 안 돼서 못 가는 게 안타까운 거지. 몸매 돼서 노는데 뭐가 문제야?”

그 다음부터는 아줌마들 사이에서 왕따가 됐단다. 그 순간 동네 아주머니들의 벙찐 표정은 영락없이 ‘벼락’ 맞은 은행나무처럼 보였다고 한다.

왜? 왜? 비키니 입은 여자들이 문제인가? 그렇게 거슬러 가면 비키니 만들어 파는 사람들이 더 나쁜 것 아닌가? 비키니가 성폭행을 일으킨다면 다들 히잡을 입고 춤추거나 부루키니를 입고 수영하면 되는 것을 왜 그런 것들을 팔아서 입게 하는가? 애초에 하이힐을 만든 것도 남자라고 한다. 여자의 각선미를 더 늘씬하게 보이게 하고 그것을 보기 위해 만들었다니 여자의 척추는 생각하지 않은 발상이다. (근데 나는 하이힐이 너무 좋다. 하이힐 신을 때 물건 떨어뜨리면, 로퍼 신었을 때보다 30% 더 남자들이 많이 주워준다. 허리 굽히기 힘들어 보여서일까?) 비키니를 만든 사람도 남자이다. 수영하다 벗겨지기 얼마나 좋은 구조인가? 그런데 그것을 입는 여자가 문제라니. 그럼 애초에 성폭행 또는 성추행 당한 딸을 낳은 것은 문제가 아닌가? 너무 지나친 비약인 듯하지만, 그런 식의 사고방식에서 이제 우리는 벗어 날 때이다.

내 친구 S는 딸이 대학에 가면 팔에 놓는 피임 주사부터 해줄 것이라고 한다. 그녀는 딸의 사생활을 존중할 것이고 성인으로서 책임 있게 생활해 줄 것이라고 믿지만, 그래도 딸의 삶이 원치 않게 어지럽혀지는 것을 올바른 피임으로 막을 수 있다고 판단한 것이다. 그녀는 딸이 아무나 하고 성관계를 맺을 것이라는 불신이 아닌, 혹시라도 선택할 성관계에 대비해주는 딸에 대한 사랑인 것이다.

딸이 누구랑 성관계를 가지게 되면 '이년아. 니 인생 조졌다. 어떻게든 매달려서 시집가든지. 그게 아님 목 매달아 죽어라. 이년아!' 하던 시절의 우리 엄마들의 결혼 생활은 어떠했는가?

지금 40대인 우리 주부들은 우리 엄마들의 삶이 어떠했는지 안다. 그런 식의 사고방식이 우리 엄마들의 삶을 얼마나 엉망으로 만들고 한이 서린 채 살게 했는지 말이다.

지금도 기부를 위한 뉴스들 속에 등장하는 몇몇 할머니들의 사연을 보면 '성폭행 당하거나 하룻밤의 실수로 어쩔 수 없이 그 남자와 결혼을 했고 그렇게 이렇게 살다가 애들 때문에 이혼도 못하고 지금도 이렇게 불쌍하다.'라는 내용이 가장 많다. 나는 그러한 임신으로 인한 잘못된 결혼은 절대 옳지 않다고 생각한다. 임신하면 중절 수술하란 뜻이냐고 묻는 사람이 있다면, 나는 임신하지 않도록 성을 즐기라고 하고 싶고, 만약 그런데도 임신을 해서 그 때문에 결혼을 해야 한다고 생각한다면, 정말 오로지 아이를 낳기 위한 선택으로 결혼을 해야 한다고 생각한다면 하지 말라고 하고 싶다. 하지만 그래도 아이 하나만을 위해서 결혼을 할 것이라면 그 결혼생활을 행복하게 할 수 있는 방법을 찾아야 하고 남편과 나누어야 한다. 그것조차 나눌 수 없는 남자라면 과감하게 버려라. 그런 아빠 밑에서 크는 것보다 엄마와 단둘이 용감하게 사는 것이 아이를 위해 훨씬 좋은 선택이다.

가장 중요한 점은 성에 대한 죄책감을 가지지 말아야 한다는 것이다. '섹스'를 하는 것이 왜 나쁜가? 무분별하게 하는 것이 나쁜 케이스지 섹스를 하는 것은 나쁘지 않다. 상대가 원하지 않는 섹스가 나쁜 것이지, 섹스가 나쁜 것이 아니다. '운우지락', 즉 하늘이 준 즐거움 중 가장 좋은 것이 남녀 간의 잠자리라는 뜻이다. 그러니 섹스는 나쁜 게 아닌데도, 다 큰 고등학교 아들이 자위를 하지 않는 게 당연하고, 안 해야 착한 것이라고 생각한다.

시집 갈 때가 다 된 딸이 성관계가 있었을 것이라고 생각하면 엄마인 내가 먼저 오히려 부끄럽고, 그러니 딸과 아들과 성에 대한 이야기를 편안히 나눌 수 없으니, 음지로 배우고 익힌다. 부모인 우리가 모를 뿐 그 아이들은 다 안다. 말 그대로 알 것은 이미 다 안다.

어느 날인가 아들과 딸을 태우고 집으로 오던 중 갑작스레 열세 살 우리 아들이 질문을 했다.

"엄마, 임신은 언제 되는 거야?"

나는 시큰둥하게 대답했다.

"응. 생리가 끝나고 나면 6일 후에 5일 정도 배란기가 오는데, 그때 성관계를 하면 임신이 될 확률이 가장 큰 때란다."

그러자 아들이 또 물었다.

"엄마 그럼 생리 때는?"

그러자 듣고 있던 딸이 버럭 소리를 질렀다.

"야! 누가 생리 때 성관계를 하냐?"

딸은 분명 어이없어 하고 있었다. 내가 다시 말했다.

"딸, 생리 때 성관계를 하는 사람도 있어."

그러자 딸이 답한다.

"아항, 임신하기 싫어서 일부러 그때 하는구나?"

"아니야. 임신하기 싫고 좋고의 문제가 아니라 하고 싶은데 그때가 생리인 거야."

딸과 나는 박장대소를 했지만 아직 순진함의 극치를 달리는 우리 아들은 전혀 이해가 안 되는 눈치였다.

"그 말이 왜 웃겨?"

그러자 딸이 다시 면박을 줬다.

"야! 크면 니가 젤 크게 웃을 수 있는 이야기야."

그러면서 딸이 나에게 다시 말했다.

"엄마, 그런 건 중학교 때 젤 많이 배워. 우리끼리."

"이 지지배! 아무것도 모르는 척 순진해요라는 표정으로 학교 다니더만, 그런 이야기만 하고 놀았구나."

다시 우리 둘만이 한참을 웃었다.

감추기만 하고 드러내지 않는다면 우리는 '그것'을 알려 줄 수 없다. 구성애 선생이 방송에서 오래 전에 한 강의 중 지금까지 내가 기억하는 말은 '야동이 얼마나 거짓말'을 많이 하는 비디오인지 말해줄 수 없고, 그것으로 성을 배운 남자아이들은 말 그대로 나쁜(?) 방식의 섹스와 여자와의 관계형성을 배우게 된다는 것이었다. 아들은 피임하는 법을 가르칠 필요가 없고, 사고 치면 남의 집 딸이 중절 수술을 해서 건강이 상하든 말든 병원비만 내주면 할 일 다 했다고 생각하는 부모가 생겨난다. 제대로 가르치지 않고 제대로 배우지 못해서 일어나는 불행한 현실이다.

나는 딸아이에게 고등학교에 가면서부터 피임에 대한 이야기를 나누고, 피임 없이 섹스를 하는 것이 왜 나쁜지, 피임 없이 상대와 성관계를 하려고 하는 남자가 왜 나쁜지 이야기했다. 피임을 하지 않고 성관계를 원하는 것은 상대를 진정 아끼지 않는 남자만이 가능하다고 이야기해주고, 여자의 피임 방식도 이야기하고, 그래서 피임만 하면 무분별한 섹스가 가능하다는 것이 아니고, 사랑하는 사람과 섹스를 할 때도 계획된 임신이 너의 2세가 원하지 않을 때 생겨나는 것보다는 아이에게도, 너에게도 그리고 네가 사랑하는 남자에게도 좋다고 이야기했다.

그러니 아들을 가진 엄마들도, 아니 아빠들이 더 적극적으로 아들과 성에 대해 이야기하고 올바르게 여자를 사랑하는 방식과 피임 없는 섹스와 상대가 원하지 않는 성이 얼마나 큰 폭력인지 이야기 나누어야 한다고 나는 생각하고 주장하고 싶다.

어떤 엄마가 아들의 방문을 불쑥 열고 들어갔는데 고등학생 아들이 자위를 하고 있었다. (아마도 구성애 원장님의 강의였던 것 같다.) 그 엄마는 다시 조용히 문을 닫으며 "하던 거(?) 마저 하면 들어올게" 하고 나왔다고 한다. 아들도 하던 것 마저 못했을 게 뻔하고, 엄마도 심장이 벌렁벌렁 뛰었을 테지만, 얼마나 재치 있는 순간인지, 엄마의 재치가 빛난다. 나는 그 순간을 상상할 때마다 웃음이 나오곤 했다. 그리고 다음에 해야 할 것은 이 순간에 대한 솔직한 대화이지만 아마도 그 엄마와 아들은 아무런 이야기도 나누지 못했을 것이다. 무슨 솔직한 대화가 필요하냐고 생각하겠지만, 엄마는 아들에게 그 순간 노크 없이 들어가서 미안했다고 말해야 하고, 아들은 쑥스럽더라도 저도 조심하겠노라고 말하는 것이 좋을 듯하다. 그래야 엄마가 아들에게 성에 대해 알려줄 수 있는 시간들이 열릴 수 있는 계기가 되기 때문이다. 그냥 그런 일 없었듯이 하면, 더는 서로가 솔직하게 이야기 나누기 어려워지지 않을까 싶다.

우리 시대는 이제 여자가 조심해야 하는 시대라고 주장하며 살면 안 되고, 성추행과 성폭행의 책임을 여자의 옷차림과 밤늦은 귀가 탓으로, 술을 먹고 쓰러진 이유로 삼으면 안 된다. 그러니 우리는 아들들의 올바른 성에 대한 인식을 더 중요하게 생각하고 책임을 가지고 가르칠 때 우리 사회에 올바른 성문화가 정착될 것이다.

한 번의 섹스로 인생을 망쳤던 시대는 여자에게만 책임을 물을 때나 가능했지 않을까? 그랬다고 해서 결혼을 하겠다고 하는 남자들도 없지만, 그렇다고 하면 남자들 엄마들도 내 아들 인생 망쳤다는 말들을 입에 달고 살지 않을까? 내 아들이 임신을 해서 낳은 아이들은 다 아빠의 건강을 해치거나, 아들이 산후조리를 해야 한다면 아들에 대한 피임교육을, 성교육을 그토록 허술히 여길지 묻고 싶다.

내 아들이 소중한 만큼 다른 집안의 딸들도 함께 소중하다는 것을 인식하는 엄마라면, 제대로 생각의 깊이를 지닌 사람과 부모라면, 아들의 피임도 중요하다고 여길 것이다. 아들의 아내가 될지도 모를 여자이거나 아니면 다른 집으로 시집을 가서 다른 집 아들의 아내가 될지도 모를 여자, 또는 나의 손자, 손녀를 위해서도 아들의 피임법 또한 몹시 중요하다. 그러니 딸에게만 피임 방법을 알려주고, 옷차림을 똑바로 하라느니, 여자의 정조관념을 소리높여 부르짖지 말고, 더 중요한 아들의 피임에 더 신경 쓰고 강조하길 나는 이 세상 모든 아들의 엄마들에게 전하고 싶고 나누고 싶다.

08

'엄마 닮는 딸의 팔자'

엄마의 말과 행동에 숨어 있는 힘에 대하여

어릴 적, 아마도 아주 어릴 적부터 내가 반복하여 주변 아주머니들의 수다 속에서 가장 자주들은 말은 시어머니 욕과 본인들 남편에 관한 뒷담화였다. 그 다음으로 많이 들은 것은 '남에 관한 소문'이었다.

그런 소문들 중에 가장 의아했던 이야기가 있다.

"그 여자가 이혼하더니, 그 딸도 이혼했다더라."

"그 여자가 매 맞고 살더니 그 집 딸도 매 맞고 산데."

이런 식으로 엄마와 딸은 닮은 삶을 산다는 확인되지 않은 루머들이었다. 벌써 30년이 훨씬 넘은 시대의 아줌마들의 수다이니 이혼에 대한 부정적인 시각이 있고, 매 맞는 여자들이 많은 시대다 보니 그런 말들이 통용됐을 것이다.

그런데 내가 이렇게 나이가 들어보니, 주변에 정말 이혼을 하고 혼자 잘 살아가거나, 재혼을 해서 잘 살아가는 사람들 중에 딸들이 이혼을 한 경우도 많았다. 그런데 이 또한 요즘 시대에 이혼이라는 선택이 흉이 된다기보다는 더 나은 선택이 되는 경우도 많고 빈번하게 일어나는 일일 뿐인 것이다. 이런 것은 엄마의 팔자가 딸에게 이어진다는 식의 루머로 수다거리가 되어서는 절대 안 되는 일일 뿐, 딸이 엄마의 팔자를 닮는다는 법칙에는 맞지 않는다.

하지만 '엄마의 말과 행동'은 딸의 팔자에 영향을 미치는 것이 맞다. 원래 사주팔자라는 것은 사주라고 해서 네 개의 기둥과 팔자라는 여덟 글자를 이야기해서 '타고난 운명이 있다'라는 뜻이다. 그런데 성장하면서 듣는 엄마의 말이 팔자에 영향을 미친다니 얼마나 어불성설인가 하시겠지만, 타고난 것에 '영향을 미친다.'라기보다 그 말에 따라 '살게 한다는 것'이 맞는 것 같다. 아니 이것이 딸에게만 한정되는 것이 아니라 아들의 삶에도 영향을 미친다. 그러니까 엄마의 말에는 아주 강한 힘이 있다는 뜻이다. 그리고 엄마의 행동은 더 큰 영향을 준다. 이유는 아주 간단하다. 그냥 아이들이 엄마를 진심으로 사랑하기 때문이다. 우리는 아이들이 말을 정말 안 듣는다고 속상해 하지만, 사실 아이들이 엄마를 사랑하는 것은 그 아이들의 생각에서는 가장 깊고, 가장 크다고 보면 된다. 그러니 아이들은 엄마의 말에 콧방귀를 뀌는 것 같지만, 은연중에 엄마의 말에 따라 살고 싶고 엄마를 행복하게 하고 싶은 마음이 그 아이들을 엄마의 말처럼 생각하게 하고 행동하고 살게 만들어 버린다. 물론 이 말이 100 프로라고 우기고 있는 것은 아니다. 대부분의 경우가 그러하고, 부모의 사랑을 충분히 받고 자존감이 강한 아이들보다 엄마의 인정과 사랑이 부족하다는 인식하에 자란 자녀들의 경우가 더 그러한 듯하다. 왜냐하면 인정받고 사랑받고 살고 싶은 마음이 너무나 컸기에 결국은 엄마의 말과 행동에 따라 살고 있다. 내가 그렇게 살아와서 특히 그런 생각이 드는 것 같기도 하다. 나는 지금도 엄마의 말이 옳지 않다는 것을 확신하는 일도 엄마가 하는 말이 옳은 것 같은 강박에 시달리는 순간들이 있다. 오래된 물건들과 기억들은 쉽게 잃어버리는데, 어릴 적 엄마가 습관처럼 내뱉던 작은 충고나 혼잣말은 아직도 귓가에서 울리는 것 같을 때가 있다. 아마도 너무나 인정받고 사랑받고 싶어서 엄마 말을 안 듣는 것으로 관심을 유도했지만, 결국은 이제라도 사랑받으려면, 엄마처럼 살아야 하는 게 아닐까 하는 억지스러운 추측까지 이어진다.

물론, 이것만으로는 설명이 부족하다. 이 간단한 이유 외에 우리는 엄마와 함께 살면서 반복적인 엄마의 말에 노출되어 있고, 그 말을 몇십 년 동안 들으며 엄마가 삶을 대하는 태도를 보며 우리가 살아가기 때문인 것도 한 이유가 될 것이다. 그래서 자식은 필연적으로, 운명적으로 엄마의 영향을 받지 않을 수 없는 것이다.

SNS에 어느 아파트 엘리베이터 안에 종이로 써서 붙어 있는 글귀가 사진으로 올라와 있는 것을 본 적이 있는데, 그 글귀는 이러했다. "우리 칸 대부분의 자녀들이 이웃 어른에게 인사하지 않습니다. 그 이유는 배운 바는 있으나 본 바 없이 자랐기 때문입니다."라고 써져 있었다. 이 글귀를 보는 순간 나는 빵 터졌다. 정말 맞는 말이 아닌가 싶어서 탁하고 내 머리를 치고 싶을 정도였다.

아이들은 엄마의 말에 귀 기울이고 그것을 행동으로 엄마가 옮기는 것을 보며 배운다. 때로는 말하고 행동하고 전혀 다른 모습을 보면서 배신감을 느끼기도 하지만 그것 또한 배우고 있는 것이다. 반복되는 말 속에 배우고, 행동으로 옮겨가는 엄마의 삶을 보며 우리 자녀들도 그것을 보고 익히며 행동으로 서서히 변화되는 것이다. 그러니 엄마의 말과 행동에 얼마나 힘이 있는지 늘 염두에 두어야 하지 않을까?

"생각을 조심해라 말이 된다. 말을 조심해라 행동이 된다. 행동을 조심해라 습관이 된다. 습관을 조심해라 성격이 된다. 성격을 조심해라 운명이 된다. 우리는 생각하는 대로 된다."는 마가렛 대처의 명언을 생각해보면, 스스로 생각할 힘이 없는 때에 엄마의 말은 아이들의 생각으로 뿌리내리는 것이다. 그러니 엄마의 말과 행동은 아이들의 인생에 뿌리가 되어간다. 그렇게 뿌리 내린 생각은 쉽게 바뀌지 않고 그렇게 딸은 엄마의 팔자를 닮는다는 말로 드러나는 것이 아닌가 싶다.

서정희, 서세원 부부의 이혼을 바라보며, 나는 분개했다. 서세원이 너무나 나빠서도 화가 났지만, 그것을 참고 살아온 서정희의 회한의 말 중에 '딸아, 나처럼 살지 마라.'라는 말이 있어서였다. 저 대사는 너무 많이 듣고 자랐고, 힘들게 살아온 엄마들의 인터뷰에는 빠짐없이 등장하는 말이다. 대체 왜? 자기처럼 살지 않기를 바라면서 그 인생을 딸 때문에 참고 살았노라고 말하는 것일까? 딸이 그렇게 살기를 바라지 않으면, 그 삶에서 자기가 먼저 뛰쳐 나왔어야 했다. '딸아 나처럼 살지 마라.' 대체 '왜?' 그렇게 살기를 바라지 않으면서 그렇게 살아온 것이 올바르다고 말하고 아름답게 포장하는 느낌이 들게 하는지 모르겠다. 본인의 인생이 불행했던 것을 너 때문이었다고, 또는 너를 위해서라고 말하는 것인지 도무지 모르겠다. 나는 여기에 내 분노를 쓴 듯해서 죄스럽지만, 이 분노는 우리나라의 많은 딸들이 가졌으리라 생각된다. 내 좁은 소견으로 추측컨대, 아마도 그 거짓말이 진짜라고 믿으면 조금 편안해지기에 그러는 것 아닌가 싶다. 자신의 행동이 조금 더 희생적이면서 한국 여성의 엄마다운 모습이라고 생각하는 것 같다. 아이들 때문에 그 가정을 지켜야 하겠다고 선택한 것은 '그녀'다. 그러니 그것은 아이들 때문이 아니라 아이들을 위하고 싶은 자신의 선택이다. 그리고 아이들이 그 환경에서 자라는 것이 편모 밑에서 자라는 것보다 낫거나 편부 밑에서 자라는 것보다는 나을 것이라는 자신의 판단 하에 결정했다. 그리고 아이들이 건강히 자라나서 잘 커준다면 그것은 그녀의 행복이기에 선택한 것이다. 그러니까 자신의 행복을 위한 자신을 위한 선택이었다. 자신은 자신을 위한 선택을 해서, 자식이 잘되어가는 자신의 행복을 결정하고서는 '딸아, 너는 나처럼 살지 마라'라니, 즉 '너는 너의 행복을 선택하지 마라'라는 뜻은 아닌지 싶다.

하지만 딸이 진정 행복하길 바란다면, '나처럼 살지 마라' 라고 할 인생을 살지 않으면 된다. 좋은 것에 대해 말하고, 그 말에 따라 행동해서 딸이 엄마의 모습을 가슴 아프게 바라보게 하지 않으면 된다. 그러면 딸은 엄마처럼 안 사는 것이 아니라 엄마보다 나은 또는 엄마처럼 아름다운 삶을 살 수 있다. 가장 행복하고 안전한 삶은 신의 영역에 관여하는 것이 아니라 어떤 상황이든 자신을 사랑하고 존중하고 그 선택에 책임져 가는 과정이다. 그리고 그 인생의 과정이 아름답다고 믿고 기뻐하는 것이다.

행복하고 아름다운 인생을 사는 딸이 보고 싶다면, 엄마인 자신의 삶을 아름답게 여기고 좋은 말과 행복을 말했으면 좋겠다. 어떤 인생이면 어떠한가? 엄마 스스로가 삶을 아름답게 여기고, 행복한 말과 그 말을 행동으로 옮기며 보여준다면 당신의 딸은 행복하게, 인생을 아름답게 여기고 본인 스스로를 믿으며 당신처럼, 또는 당신보다 나은 삶을 살 것이라고 감히 장담하고 싶다. 스스로를 믿자. 그리고 엄마의 말과 행동의 신비스러운 힘을 아이들을 위해 힘껏 발휘해보자.

09

엄마의 길을 가는 지금 우리들

원래 엄마였던 것처럼

나는 결혼 20년 간, 아니 내 인생 45년간 단 한 번도 혼자 여행을 해 본적이 없다. 혼자만의 여행은 어릴 적 혼자 길을 잃어봤던 낯선 두려움과 비슷할 것 같아서 나는 한 번도 혼자 여행을 계획하지도, 실행했던 적도 없었다. 그런데 나는 런던에서 혼자만의 여행을 감행했다. 2년째 접어든 런던에서의 생활이 너무 힘들었기 때문에 나는 감히 두려움을 떨치고 혼자만의 여행에 나섰던 것이다. 견디기 어려운 힘든 상황에서 잠시라도 벗어나고 싶은 마음에서 혼자만의 여행에 나섰다.

그렇다고 해서 거창한 여행은 아니었다. 그나마 익숙한 런던 시내에서의 여행이기 때문이었다.

혼자 여행 가방을 꾸려서 노트북까지 지고는 두루뭉술한 검은 백까지 무겁게 걸치고 나선 혼자만의 여행길, 처음 도착한 곳은 존 스트리트 역이다. 이곳은 비틀즈 앨범 중 멤버들이 횡단보도를 건너는 사진과 거리를 거니는 사진을 촬영한 곳이다. 이 역에 도착해서 혼자 외국인들 사이에서 거니는 내 모습을 보니 그냥 왠지 대견하다. 너무 힘겨워서 잠시라도 벗어나고 싶어서 계획한 이틀간의 여행은 감동이었다. 나는 이제 IS와 WAS도 구분할 수 있게 됐고(언제까지 못했냐고 묻지 마시고 그냥 더럽게 영어 공부 안 한 애란 것만 아시면 된다.) 누구나 한 번쯤 걷고 싶어 하는 센트럴 런던(런던 시내)을 걷고 있는 순간 눈물이 났다.

예전 나의 첫 아이 서연이가 채 돌이 되기 전 고속버스를 타고 둘이 여행을 할 때, 말도 못하는 그 아이에게 흥부와 놀부 그리고 선녀와 나무꾼 이야기를 해주고 창밖을 보며 저것은 무엇인지 이것은 무엇인지 이야기 해주며 여행을 하던 내 기쁨에 비해, 지금 이 아름다운 도시 런던에서의 첫 여행, 내 인생에서 홀로 하는 첫 여행에서 나는 눈물이 났다. 너무 기뻤던 것일까?

그런데, '오호 통재라!'라는 말은 이럴 때 하는 것일까? 나는 한 여행

앱을 통해 예약한 아파트먼트에 도착하자 키를 가져오는 사람을 1시간 30분이나 기다려야 했다. 제대로 못하는 영어로 '장난하냐? 장난해?'를 연발해가며 기다렸으나 결과는 참담했다. 위치에 비해 저렴했기 때문에 선택했고, 기대보다 좋은 집은 아닐 줄은 알았지만, 흑인 남자가 나와 같은 공간에 있는 옆방에서 잔다는 것은 몰랐다.

"이건 말도 안돼!"

"왜?"

"환불해 줘!"

나는 서툰 영어로 친절하고 조용하게 이야기했다. 흑인 청년은 도무지 영문을 모르겠다는 표정을 지었다.

"대한민국에서는 절대 있을 수도 없는 일이다. 너 왜 어제 예약할 때 말 안 했니?"

"네가 안 물어봤잖아?"

나는 '장난하냐?'며 더 대들고 따지고 싶었지만 아파트 안에서 무슨 일을 당할지 몰라 당장 나왔다. 박차고 나오는 내 등 뒤에서 흑인 청년은 다시 씨부렁거렸다.

"진짜 안전해. 걱정 마."

나는 다시 쏘아보았다. 그 흑인 청년은 자신도 자신을 못 믿는 듯한 표정으로 서 있었다. 이럴 때 내가 잘 쓰는 말 '제기랄'이 연신 터져 나온다. 내 팔자에 무슨 혼자 하는 여행이랴 싶어지고, 또 돌아가서 남편과 소리 없는 전쟁을 치러야 하는 이 상황이 그 흑인 청년과 한 집에서 이틀을 머물러야 하는 순간보다는 나을 것이라며 스스로 달래보지만 여전히 조금 서글펐다.

혼자 떠나오는 순간부터 마음이 안 좋았는데, 엄마로서 내일모레 개학을 앞둔 아이들을 두고 나온다는 게 쉽지 않은 선택이었지만, 마침 휴가를 앞둔 남편에게 '내 고충도 알아보렴.' 하고 나왔건만, 이런 상황에 놓이다니 '나는 그냥 엄마로 태어나 엄마로 살다 죽으려나 보다. 상황조차 안 받쳐주는 것을 보니.'라는 생각이 들었다.

나는 원래 엄마였던 사람처럼 사는 것 같다.(날 아는 이들이 야유를 퍼부어도 어쩔 수 없다. 요즘의 내 모습이 그렇게 사는 것이 맞으니까) 그리고는 돌아본다. 우리 엄마도 원래 엄마였던 사람처럼 살았다. 그녀의 젊을 적 미니스커트 사진을 보던 순간이 떠오른다. 그런데 그 미니스커트 사진도 아마도 그녀가 엄마가 되고 나서였던 것 같다. 그러니까 그 예쁜 애기엄마는 엄마가 되고 나서도 여자의 욕심인 아름다움을 포기하지 않고 살았다.

그런데 왜 엄마는 나한테 엄마로 태어나서 엄마로 살고 엄마로 죽을 것처럼 끝없이 이야기 할까? 나는 어렴풋이 그것을 알게 되는 지금 그것은 '그녀의 거짓말'인 것을 안다. 그녀는 엄마이기보다 여자이고, 엄마이기보다 한 남자의 여자로 살기 위해 엄마의 길을 선택했고,

그렇게 살아온 것이었다.

내가 지금 굉장히 좋은 엄마인 것처럼 육아에 대한 글을 쓰고, 아이들을 얼마나 사랑하는지 이야기하고 실천하고 살아가려 하지만, 사실 우리는 한 남자의 완전한 사랑이고 싶어서, 그 남자가 나의 완벽한 사랑이길 원해서 엄마의 길을 두려워하지 않고 선택했고, 이 길로 들어섰다. 그런데 우리는 한 남자의 완벽한 사랑이기보다는 아이들의 완벽한 엄마이고 싶고, 그러고 싶을 뿐 우리는 완벽하지도 못한 엄마로 살아간다. 나 또한 그러했으니 여러분도 그러했으리라 짐작한다. 우리가 만약 둘 중 하나라도 완벽할 수 있다면 행복할 수 있지만 우리는 둘 중 어느 하나도 해내지 못하고 살아간다. 이유는 생각보다 간단하다. 완벽한 사랑도 완벽한 엄마도 가능하지 않다는 것, 그것이 그 이유일 뿐 우리가 가슴 아파하거나 자책할 필요는 없다.

남편도 한 여자의 완벽한 남자이고 싶어서 결혼한다. 남편은 자신이 괜찮다는 것을 증명하고 싶어지고, 그래서 그를 완벽한 남자로 바라봐주는 그녀의 눈빛에 또는 완벽해질 것이라고 믿어주는 그녀의 바람에 부푼 가슴으로 그리 되어주기 위해, 그렇게 되고 싶어 결혼을 한다. 그리고 또 완벽한 아빠이길 선택한다. 아빠가 되는 순간 가장으로서의 무거움을 느끼지 않는 남자는 없다고 한다. 아빠가 되는 것은 엄마가 되는 우리들의 마음만큼 두렵다는 것을 우리는 알아야 한다. 그렇게 살아가다 보면 우리는 그가 완벽하지 않다는 것을 순식간에 알아채듯이 우리도 완벽할 수 없다는 것을 받아들여야 한다.

그런데 완벽한 사랑이길 포기하면서까지 완벽한 엄마가 되려고 하는 우리는 힘이 든다. 어차피 둘 다 불가능할 것을, 완벽한 사랑은 없다는 것을 받아들이면서도 엄마의 사랑이라는 미명하에 완벽한 사랑을 완성하려는지도 모른다. 그래서 힘든 것이다.

그러지 말아야 하고 그렇지 않다는 것을 알면서도 주변 엄마들을 통해 자극받고 때로는 쫓기며 산다. 왜 옆집의 그녀는 완벽할까? 왜 나는 그녀처럼 애들에게 못할까? 하고 자책하며 산다. 옆집 아이가 엄마와 사이가 좋은 것만 봐도, 내 아이들이 그러지 않는 것이 내 탓인 것을 알면서도 집에 돌아와서는 딸에게 한 마디를 던진다.

"서연아! 너는 왜 그렇게 살갑지가 않니?"

불의의 일격을 당한 딸아이가 어이없어 한다.

"옆집 딸은 엄마한테 웃기도 잘 웃고, 전교에서 1등을 놓친 적도 없다던데..."

결국 선을 넘어버린다. 왜들 그렇게 엄마 친구 딸과 아들은 전교 1등만 하고 성격도 좋은지 말이다. 그 말은 사실 엄마인 자신을 향한 꾸지람이고 한숨인 것이 밖으로 뱉어낼 때만 그렇게 3인칭이 되는 것뿐이다. 그저 본인을 향한 자책인 혼잣말과도 같다.

그렇게 그 자책은 또 아이들에게 꾸지람으로 이어지고 아이들은 엄마의 자책을 자신들에 대한 자책인 줄 알고 자란다. 그것이 또 아이들에게 완벽해져야 한다는 압박을 줘서 그 아이들의 삶을 조금 힘들게 또는 슬프게 할 수 있다는 것을 모르고 산다.

내 엄마의 삶을 살펴보면, 그녀는 애초에 완벽한 엄마는 꿈꾸지 않았던 것 같다. 그녀는 아빠를 만나서 사랑하고 아빠가 돌아가시는 그날까지 아빠의 사랑이고 싶어서 살아온 여자였다. 6개월 전쯤이었나? 어느 날 새벽 그녀는 딸인 나에게 고백 아닌 고백을 했다.

"정남아(어릴 적 이름이다. 셋째 딸인 나에게 다음번엔 남동생을 보라고 바를 '정'에 사내 '남'을 붙여 취학 전까지 불렀다.) 엄마는 말이야, 아빠랑 결혼하고 나서 아빠가 아침에 '잘 다녀올게' 하고 인사를 해주고 나가면 하루 종일 행복했어. 그리고 짜증을 부리고 나가면 하루 종일 불행했었어. 그런데 지금은 너의 기분에 엄마가 그렇게 되더라."

나는 그 말을 듣고 정말 심하게 짜증을 냈다. 그냥 그런 엄마가 불쌍했고, 또 그런 부담이 너무 싫었다.

그런 엄마는 아빠가 돌아가신 지금도 아빠 흉을 본다. 그것이 아빠를 그리워하는 방법인 듯하다. 아빠 흉을 보는 것은 아마도 아빠가 평생을 바람을 피면서 살다 가신 것에 대한 자존심에 대한 보상일 뿐, 사실 엄마는 아빠만 평생을 사랑했다는 것을 지금도 말하고 있는 것 같아서 나는 화가 난다. 아빠 흉을 보는 것도 싫지만, 이제는 아무것도 돌이킬 수 없는데 아직도 아빠의 완벽한 사랑이길 꿈꾸는 그녀가 불쌍해서 화가 난다.

"그래도 니 아빠는 다른 데서 자식은 안 낳았어."

가끔 이렇게 말하는 엄마의 말에 나는 가슴 끝까지 통증이 온다. 그럼 나는 웃으면서 이렇게 받아치곤 한다.

"엄마 혹시 모르는 거 아냐? 있을 수도 있잖아. 난 좀 있었으면 좋겠어. 형제 많으면 좋잖아?" 물론 엄마 반응은 상상하시는 대로다.

우리가 엄마로 사는 지금도 바라는 것은 남편의 사랑일지도 모른다. 때로는 우리가 여자인 것을 알아주는 남자로서의 남편과 함께라면 얼마나 기쁠지, 우리의 남자인 남편들이 알아주길 기대하고 사는 우리들, 그것이 엄마인 우리들인 것을 우리조차 잊고 산다. 이제는 '우리가 완벽할 수 없다는 것'을 받아들이고 그런 것은 '세상에 존재하지 않는다는 것'도 받아들이고, 우리가 엄마이면서 아내이고 아내이면서 여자라는 것을 우리 스스로 깨우치며 살자. 때로는 나만을 위한 시간과 나만을 위해 내 자신이나 무언가를 가꾸면서 그렇게 살아가면 좋겠다. 우리는 엄마이면서 한 남자의 여자이고, "나" 자체인 것을 잊지 말았으면 정말 좋겠다.

10

나 좀 알아주면 안 되나요?

'남자는 자신을 알아주는 사람을 위해서 목숨을 바칠 수 있고, 여자는 자신을 사랑해주는 사람을 위해 목숨을 바칠 수 있다'

누가 이 말을 했는지 궁금하다. 인터넷 검색으로 알아볼 수도 있겠지만 굳이 검색조차 안 하고 쓰는 이유는 그저 알아주는 것에 대해 말하고 싶어서다. 사랑받는다는 것의 기쁨이 여자에게 더욱 큰 이유는 날 사랑한다는 것이 나를 알아주는 문제와 닿아 있기 때문이다.

결국은 나를 알고, 나를 인정해 주고, 나를 향해 마음을 열어주는 것이 좋아서 여자들은 남자의 사랑이 기쁘다. 그들이 돈을 벌어주고 명품 가방을 사주기 때문에 여자들이 기뻐한다는 생각은 남자들의 착각이다. 안 그런 사람도 있겠지만 대부분의 여자들은 사랑하는 남자에게 무언가를 받는 것이 더 기쁘다. 그냥 같이 한번 자고 싶어서 백을 사주는 남자들에게 그에 걸 맞는 대우를 하는 것은 아니라는 것이다.

남과 여를 떠나서 '알아주는 것'은 매우 심각하게 중요한 문제인 것이다. 젊은 사람들은 이야기를 한다. 나이 드신 분들은 왜 그토록 말이 많은지, 무슨 이야기만 하자고 들면 끝없이 '이러니 저리니' 하시니 이야기하기 싫다고 말이다. '나이가 들수록 주머니는 열고 입은 닫아야 한다.'는 속담이 있을 정도이니, 노인들의 잔소리가 우리를 얼마나 지치게 하는지 우리는 잘 알고 있다. 하지만 우리가 만약 노인들의 이야기에 좀 더 귀 기울여 경청한다면, 그들은 쌈짓돈을 풀어 군것질거리라도 기꺼이 사주신다는 것을 모르고 하는 말이다.

나의 외할아버지는 정말 괴팍하셨다. 93세까지 장수를 하셨고, 어릴 적 나는 정말 그분에게 과자 한번을 얻어먹어본 적이 없다. 나는 괴팍한 할아버지가 싫었고, 그분과 이야기를 나누려하지 않았으니 그도 그럴 것이었던 것 같다.

그런데 어느 날, 아마도 결혼을 하고 첫 아이를 가졌을 무렵이다. 그와 우연히 이야기를 하게 되었고, 그의 이야기를 경청했다. 정말이었다. 무슨 이윤지 모르지만 꽤 오랫동안 그의 이야기를 들었다. 그러자 믿을 수 없는 일이 벌어졌다. 그는 잠시 밖에 다녀온다더니 급히 다녀와서는 순대 2000원어치를 내게 내밀었다. 나는 난생 처음 할아버지에게 받아드는 순대가 낯설었다. 그것이 반가웠다기보다 부담스러웠다고 기억한다. 그래도 그는 외로운 자신의 말벗이 되어준 손녀딸을 위해 쌈짓돈을 푼 것이라 생각하니 안쓰러웠다.

이처럼, 노인 분들이 얼마나 말하고 싶어 하시는지 알았으면 좋겠다. 이처럼 이야기를 들어주는 것이 간절하고 그토록 말을 많이 하는 것은, 아마도 자신을 알아달라는 것이라고 나는 생각한다. 나이가 너무나 많이 들었고, 이제는 아무것도 스스로 증명하기 어려운 그 시기에 그들의 많은 과거사 이야기는 자신이 '이러하다'라는 증명의 한 방법이 아닐까 한다.

그러니 남과 여, 그리고 노인들까지 자신을 알아주는 것에 가장 소중한 것을 내어 놓는 것을 볼 때 우리는, 그러니까 '부모'인 우리는 '아이들 또한 자신들을 알아주는 것이 중요하지 않을까?'에 대해 생각해봐야 한다. 성적표에 보이는 반 등수나, 전체 등수로만 드러나는 아이들을 향한 평가가 전부라 여기는 이 대한민국에서 청소년 범죄가 심각해지는 것을 불경기에만 원인을 두어서는 안 된다.

아빠가 돈을 못 벌어서, 엄마가 없어서 또는 아빠가 없어서 아이들이 상처 받는 것이 아니지 않을까? 나는 어린 시절 딴 살림을 차린 아빠로 인해 엄마의 시아버지인 친할아버지와 생활을 한 적이 있다. 엄마조차 병든 몸을 추스르기 위해 부산인 친정에 동생과 몇 년 가까이 가서 계신 적도 있었다. 그 시절에 나는 무섭고 괴팍한 친할아버지와 언니들과 생활을 했었다. 그 시절 내가 가장 힘든 것은 아무도 나에 대해 관심이 없는 것과 내가 공부를 잘해도 아무도 내가 열심히 했다는 것을 알아주지 않는 것이었다.

엄마가 나를 떠났던 것은 아빠의 바람과 폭력으로 병들어 갔기 때문이었다. 엄마가 나를 떠나기 전 1학년에 입학했던 나는 늘 시험지에 빨간 색연필로 100이란 숫자를 받아왔다. 엄마는 아빠의 바람으로 지쳐있었고, 나는 내가 백점을 받으면 엄마가 아빠의 바람 따위는 잊어버리고 마냥 날 보고 웃어줄 것이라고 믿었다. 하지만 어느 순간에서부터인지 엄마는 100점 맞은 내 시험지를 그냥 물끄러미 보고는 문 달린 낡고 커다란 텔레비전 위에 내려놓고는 돌아서서 부엌으로 가버리셨다. 그렇게 나의 성적도 서서히 내리막길로 들어섰고, 나는 아무도 내가 있는 것조차 모르는 것, 나란 존재에 대해 알아주지 않는 것이 너무나 힘들었다. 내가 울어도 아무도 내가 왜 우는 지에 관심이 없었고, 우는 것에 대해 시끄럽다고 매만 맞았던 것을 기억하면, 차라리 울 때 아무도 듣지 못하게 울 것을, 그 와중에도 내가 우는 것을 알아달라고 더 크게 울다가 두들겨 맞기 일쑤였다.

병원에 입원해 본 분들은 경험해 본 일일 것이다. 그냥 간호사가 지나가면 왠지 '아파요'라고 한 번 더 말하고 싶어지고 간호사가 '그쵸. 많이 아프시죠? 조금만 더 견뎌보세요.'라는 것 같은 안타까운 표정과 함께 미소를 보여주고 지나가면, 한 두 시간은 더 견디면 나아질 것이라는 기분을 느꼈을 것이다. 그런데 간호사가 "다 그래요."라든지, 아님 '아픈 게 당연한 것 아니야? 병원인데'라고 말하듯 휑하고 바쁘다는 듯 대꾸도 없이 지나가고 나면, '이거 의료사고라도 나는 것 아닐까?'라는 기분이 든다. 이 병원 자체가 못 믿을 곳이 되어버리는 것이다. 그러니 내가 아프다는 것을 알아준다는 것 자체가 신뢰가 생기고, 면역력도 올라가고, 약의 효과도 올라가는 진정한 치료가 되는 것이라 해도 과언이 아니다.

어느 순간부터 운동회에서 달리기하다가 넘어지는 자신의 아이들을 향해 화를 내거나, 넘어진 무릎을 털어주는 것인지, 때리는 것인지 모를 행동을 취하는 엄마들이 줄어들기 시작했다. 그렇지만 내 큰 아이가 어릴 적만 해도 운동회에서 자신의 아이가 넘어지기라도 하면 바보같이 넘어졌다고, 다시 일어나 뛰지 않았다고 소리치거나 화내는 엄마들이 정말 많았던 것을 나는 기억한다. 나의 큰 아이가 달리기 연습에서 넘어졌다. 가슴이 덜컥하기보다 순간 나도 화가 났다.

'지지리도 못난 것! 넘어지긴 왜 넘어져?'

그러나 나는 잠시 화를 다스리고는, 다시 일어나 뛰어 들어온 아이를 안고서는 넘어져서 힘들었겠다고, 다시 일어나 들어와서 고맙다고 말했다. 화가 나지 않았던 것도 아니고, 속이 상하고 순간 울컥했지만 나는 자제할 수 있었다. 왜냐하면 어릴 적 나도 운동회 달리기에서 넘어져 본 적이 있었기 때문이었다. 그 기억이 넘어진 딸아이에 대한 자제력으로 발휘됐던 것 같다. 가만히 잘 생각해보면 알 수 있다. 아이들이 넘어졌을 때, 아이는 자신이 넘어질 수밖에 없던 것을 엄마가 알아주기를 바라며, 넘어진 순간에 일어서는 것에 중심을 두지 못하고, 고개를 두리번거리며 엄마를 찾는다. 다른 많은 사람들은 자신이 넘어진 것에 대한 결과만 봤을 테지만, 우리 엄마라면, 우리 아빠라면 내가 누구에게 밀려 넘어진 것을, 또는 자신이 걸려 넘어진 돌부리를 봤을 것이라고 믿기에 내가 넘어진 이유가 어쩔 수 없는 것임을 알아줄 것이라고 생각하기 때문이다.

이렇게 작은 순간에도 아이들에게 알아주는 이를 찾는 것이 얼마나 중요한지 짐작한다면, 우리는 아이가 시험 성적을 잘 못 받아온 것도, 아니 작은 물건을 주머니에 숨겨 나온 후에, 편의점에 잡혀 있더라도 누군가 자신의 실수에 대해 알아준다면, 그 아이의 마음에 대해 알아준 후에, 그 행동에 대한 잘못과 노력의 중요성에 대해 이야기해 준다면 아이는 반드시 변할 것이다. 이렇게 내가 말해도 '엄마가 저번에 한 번 참았지? 내가 좋게 말했었지? 그런데도 네가 또 이래? 공부는 그 따위로 해오면서?'라고 할 분들이 많으리라. 하지만 본인들의 어린 시절이 완벽했는지 돌아보라. 아니 만약 완벽했다면, 완벽해서 지금 완벽히 행복한지 말이다.

그냥 알아주면 된다. 누구나 자신을 알아주는 것이 중요한 것처럼, 내가 날 알아주는 이를 끝없이 찾아서 해매인 기억처럼 아이들이 자신들과 다르다고 보지 말고, 자식들은 내 것이라고 생각하지 말고 '어린 것이 뭘 알겠어?' 하지 말고 '알아주면' 좋겠다.

"너 시험 망쳐서 기분이 좋지 않겠구나? 그래 네가 안 좋은 만큼은 아니겠지만, 엄마도 맘이 좋지 않다."

"이걸 훔칠 수밖에 없었던 너는 얼마나 마음이 안 좋았겠니? 그게 많이 갖고 싶었구나. 그래도 그렇게 가지는 것은 좋지 않다는 걸 너도 지금은 알 거라고 엄마는 생각해"

이 정도면 족하지 않을까? 아이들은 '이야 이정도로 끝날 거라면 다음에 또 해야지. 앗싸!'라고 생각하지 않는다. '엄마가 내 맘을 아는구나. 나도 이제는 엄마 마음을 알아주고 싶다.'라는 것을 느껴가고 반복되는 '알아줌' 속에 아이는 우리가 바라는 방향으로 아름답게 커줄 것이라고 나는 굳게, 진정으로 굳게 믿는다.

어린 시절 느낀 결핍은 성장하면서 많은 것이 채워져도 관계 속의 결핍으로 자리 잡는다. 그 현실은 굉장히 무서운 일이다. 채워져 있으나 채워지지 않았다고 믿는 나만의 세상 속에 남겨지는 것이다. 나를 사랑하는 사람에게 또는 내가 진정 사랑하는 것에 집중하지 못하는 삶을 살게 한다. 우리가 아이들에게 바라는 것이 그런 삶은 분명 아니지 않은가?

내가 아는 한 정신과 의사가 해준 이야기가 있다. 자신의 선배 중 가장 공부를 잘하던 분이 내과 병원장이 되었는데, 그분은 아침에 병원으로 들어설 때마다 지옥문을 들어서는 기분이라고 말했다고 한다. 내가 묻기를 왜 그런 것이냐고 했더니, 그분은 정말 공부만 하고 공부밖에 모르는, H의대에서 수석을 도맡아 하던 분이지만 사람과의 소통을 너무나 힘들어 한다는 것이다. 그러니 매일 그 많은 내과 환자들과 이야기하고 설명하고 듣는 것이 죽을 만큼 힘든 것이라고 말했다. 나는 그 이야기를 들으며, 결국 그 내과 원장님은 그 지옥에서 삶을 마치셔야 한다는 것이 지독히도 안타까웠던 기억이 난다.

내 아이가 의사가 되길 희망해서 의사가 되라고 공부만 시키고 강요해서, 마침내 그 아이가 의사가 되었지만, 그 아이의 세상은 관계의 단절과 환자와 소통하는 법을 몰라서 그 일과 그 아이의 삶 자체에서 불행하다면 그것이 우리가 바란 아이의 미래인가를 생각해 봐야 한다.

나는 아이들에게 자주 화를 내는 남편에게 물어보곤 한다. 당신이 아이들에게 원하는 것이 당신 맘대로 되는 것인지? 아니면 아이가 성장해서 행복하게 살아가는 것인지를 말이다. 그리고 정말 그런 남편에게 너무나 화가 날 때는 한 마디를 던진다.

"그냥 AI 컴퓨터를 한 대 사서 키우지, 왜 자식을 낳은 거야? 당신 맘대로 되는 로봇을 하나 사는 게 어때?"

아이가 컵을 떨어뜨리면 화내고, 옷을 아무렇게나 벗어두어도 화를 내는 남편을 보면, 저 사람은 아이가 손안에 커피 같기를 바라는구나 싶어진다. 내가 남편에게 바라는 것처럼 말이다. 그래서 남편은 아이와의 갈등이 좁혀지질 않는 것이고 나는 남편과의 갈등이 좁혀지질 않는다는 사실을 알게 된다. 그냥 컵을 떨어뜨리면 컵이 깨어져서 놀랐다는 사실을 알아주고, 다시는 그러지 않는 방법을 반복해서 알려주면 갈수록 아이는 컵을 떨어뜨리는 일이 없어진다.

그냥 아이 맘을 알아주면 누구보다 아이는 본인의 삶을 사랑하게 되고, 자신의 삶을 알아가고, 그렇게 자존감과 자신감을 얻어간다. 그렇게 된다면 어떤 일을 하더라도 본인의 일과 삶을 사랑할 수 있다. 그것이 바로 삶의 해답이다. 어떤 것을 원하든 다 해줄 수 있는 부모보다 더 좋은 부모는 아이의 맘을 알아주는 부모라는 것을 어느 순간도 잊지 말자. 아이가 웃을 때 우리가 얼마나 행복했었는지를 그리고 행복한지를 기억하자.

인생이 아름답다는 것을 알아가도록 해주는 것이 가장 큰 유산인 것을 안다면, 그 아이의 마음부터 알아주는 것의 중요성을 잊지 않았으면 좋겠다.

<인생은 아름다워>라는 영화의 포스터를 보면 "아들아, 처한 현실이 이러해도 인생은 정말 아름다운 것이란다."라고 쓰여 있다. 인생이 아름답다는 진실을 인지한다면, 우리의 아이들은 어떤 상황 속에서도 꿋꿋하고 행복하게 살아갈 수 있을 것이다. 우리가 아이들에게 바라는 것 중 가장 큰 부분이 '행복하게 살아가는 사람이길'이라는 것을 우리 모두 잘 알지 않은가?

11

화내는 아이들

'반란'의 시작!

'어느 한 쪽이 눌려 있는 관계는 언제고 반란이 일어난다.'는 문구를 본 적이 있다. 나는 그 글의 뜻이 무언지 알지 못하고 시간이 흐르고 점차 인간관계의 흐름을 나름 알게 되면서, 저 말이 99% 진실에 도달하는 것임을 알게 됐다.

가장 가까이는 남편과의 관계에서 늘 져주던 남편이 어느 순간 화를 자주 내는 것을 보면서알게 되었다. 남편은 져주었지만 져주면서 아무래도 가끔은 눌려 사는 기분을 느낄 수밖에 없었나 보다. 어느 순간부터 싸움이 잦아지고 부부 간의 갈등이 깊어지자 자신의 목소리를 키우기 시작한 남편을 보게 됐다. 부부들 사이에서의 다툼을 보면, 어느 순간 배우자가 '나 이제 안 참아, 못 참아.' 하는 순간들이 오는데, 그 순간 상대 배우자가 '저게 어디서 못 먹을 걸 쳐 먹었나, 안 하던 짓을 하고 난리야!' 하는 대사를 하게 되는 순간이 있다. 그것은 '반란'의 시작이다. 이 '반란'은 도처에 도사리고 있다. 언제나 그 반란을 우리는 느끼고 있다. 또박또박 시작되는 어린 직원의 말대답에서도 느끼고, 친구들 사이에서도 늘 내 말을 잘 들어주던 친구가 그동안 너로 인해 스트레스 받았다는 갑작스런 고백으로도 알게 된다. 무언지는 모르지만 그 동안의 눌림을 경험한 이들의 항변이 시작되는 것이다. 그러니 인간관계는 어떤 식의 관계이든지 '수직'이 아닌 '수평'으로 대하고 대함을 받아야 한다.

그 중 수평의 관계가 가장 필요한 것이 바로 '자녀와의 관계'라고 나는 말하고 싶다.

이게 무슨 소리를 하는 것이냐고 자녀의 훈육은 중요한 것이고 미성년 아이들과 수평의 관계를 가지라는 말에 어이없는 분들도 있지 않을까 염려되지만, 나는 '훈육'의 중요성이 크기에 그리고 그들이 미성년이기에 '수평의 관계'를 가져주는 것이 성인이 되었을 때 부모를 향한 반란을 막는 길이라 생각한다.

아이들을 키우면서 부모들이 가장 힘든 순간은. 북한의 남침을 책임지고 막고 있는 '중2병'일 것이다. 오죽하면 북한의 남침을 중2들이 막고 있다는 말이 나오겠는가? 인성에 대한 연구를 한 결과 중2가 되면 인성이 나빠진다는 결과가 나왔을 만큼 그 시기의 힘겨움은 증명된 것이라고 볼 수 있다. 그러니 사춘기가 시작되는 그 시간에 부모인 우리가 가져야하는 마음의 고됨은 그 시기의 아이를 겪어보지 않은 사람들은 알 수 없으리라 본다. 그 시기에 어른이 되지 못한 채 '세상 모르는 것'이 없는 성인이 된 줄 아는 그들에게 우리는 세상을 알려주려고 노력하고, 화를 내게 되는 경우가 잦아진다.

우리 딸을 보라. 앞서 쓴 글처럼, '내가 네 말을 다 존중하는데 내 의견은...' 하고 말하면 말을 채 마치지도 못한 순간에 '알아! 나도 다 안다고!' 하고 소리치고 짜증낸다. 그럼 나는 '야! 누가 모른댔어? 이 지지배가 엄마가 말하는데 어디다 다 안다고 난리를 피워? 알아도 들어!!'라고 소리치고 싶어진다. 물론 나는 안 하고, 못하지만 나도 그러고 싶다.

그런데 내가 안 하고 못하는 이유라는 것이 굉장히 간단하다. 내가 그 순간 같이 화내면, 물론 내가 이길 것이고, 나는 화내는 엄마는 아니지만, 그렇다고 해서 내가 아이들을 키우면서 화를 단 한 번도 안 낸 엄마일 수는 없는 것이니 아이들은 내가 화를 내는 순간을 본 적이 있다. 그러니 아이들은 내가 화를 낼 줄 안다는 것을 안다. 하지만 아이들은 내가 화내는 일이 극히 드물기 때문에(약 1년에 3번을 넘지 않는다) 자주 화를 내는 것보다 훨씬 아이들에게 영향력이 있다. 오죽하면 화를 낼까라고 이해하게 되기 때문이리라. 그러니 잦은 화를 내지 않는 효과로 내가 소리치거나 화를 내면 내가 그 순간의 아이의 행동이나 말은 제지할 수 있는 것이다.

불같이 화를 내고 화풀이를 하고 나면 잠시 개운하고 '역시 내가 우위야.'라고 편안해 질 수는 있지만, 그 후 아이는 화를 내는 것이 이기는 방법이라고 착각하게 될 것이다. 그래서 나는 화를 더 내지 않으려고 한다. 화를 내는 일은 결국 갈등의 폭을 줄이는 방법이기보다는 누군가 졌다고 생각하게 만들기 때문이다.

그렇게 화를 내면서 이기고 우위에 서는 엄마의 모습을 지켜보고, 그 뒤 어느 순간 더 자라게 되면 그 아이의 진짜 반란이 시작될 수밖에 없다. 그래서 나는 내 아이들을 누구보다 수평적으로 존중해준다. 내 자녀에 반란의 무서움은 그냥 우위를 뺏기는 것으로 끝나는 것이 아니다. 그러니 위에 쓴 직원의 반란이나 친구의 반란, 남편의 반란과는 비교도 되지 않을 만큼 두려운 일이다. 직장에서는 직원의 반란으로 힘이 들면 관계를 그만두거나 아니면 회사를 그만두게 하거나, 아니면 내가 그만둬도 그것이 화가 날 일이지, 가슴뼈가 부서지는 고통은 아닐 것이다. 그리고 친구의 반란도 어느 순간 먼 훗날 다시 만나면 웃으며 이야기 나눌 에피소드가 될 수도 있고, 그게 아니면 '말도 안 되는 소리 지껄인 친구라고 믿었던 인간' 정도로 기억하면 된다. 그리고 남편과의 관계도 이혼이라는 제도 속에 헤어질 수 있다.

하지만 내 아이들은 완전 분리될 수 없다. 어쩌면 나보다 더 중요한 존재라는 착각이 생기고 때론 정말 또 하나의 나이다. 그러니 아이의 인생을 건강하고 행복한 삶을 가지는 것에 목적이 있다면 '수평의 관계'를 반드시 지켜주어야 한다.

드라마에서 엄마에게 아동학대를 당하던 딸이 커서 엄마에게 못되게 구는 장면을 보고 있던 내게 둘째가 물어본다.

"엄마, 왜 딸이 엄마에게 저렇게 행동을 해?"

"엄마가 딸을 어릴 적 학대를 해서 저러는 건데, 저건 어른들이 아이들이 어느새 자라서 자신들보다 더 강해질 수도 있는 걸 생각하지 못해서인 것 같아. 참 어리석지? 아이들이 어른이 된다는 걸 생각 못 하나봐"

잠시 생각에 잠겼던 아들이 다시 말을 했다.

"엄마, 그보다 어른이 돼서도 자기 마음대로 하고 싶어서인 것 같아."

나는 그 말을 듣고 생각했다. '아, 그렇구나. 우리 부모들은 아이들이 늙어 죽을 때까지 마음대로 할 수 있기를 바라는 거구나.'라고 말이다. 참 무서운 지적이 아닐 수 없다.

내 어린 시절에 나는 무섭기만 한 아빠를 향한 아들의 반란을 똑똑히 지켜봤다. 화만 내는 우리 아빠에 대한 남동생의 반란을 지켜봤던 것이다. 지금도 눈앞에서 벌어지듯이 선명하다. 나의 아빠는 정말 무서운 아빠였다. 집에 들어오시는 순간 엄마는 상을 차려서 방으로 나르셨고, 식사가 끝나시기 무섭게 세숫대야에 물을 담아 아빠의 발 닦을 물을 안방으로 가지고 오셨다. 아빠는 끝없이 우리에게 조용히 하라고 소리 지르셨고, 통금시간이 엄청나게 엄격하셨다. 조금만 늦어도 밖에 버려진 하얀 연탄재로 맞아야 했고, (그래도 까만 연탄재보다는 덜 아프다) 그 시간을 어긴다는 것은 사전에 엄청난 허락을 요하는 일이었다.

그렇게 모든 일에 나의 아버지는 화를 지나치게 많이 내는 아빠였다. 그 화는 기대치가 큰 막내동생에게 가장 심했다. 힘든 가정환경과 화내는 아빠 밑에서 막내동생이 고등학생이 되었을 때 동생의 반란은 두려울 정도로 거세었다.

나는 지금도 아빠가 공부 안 하고 밖으로만 돈다면서 남동생에게 크게 화내던 순간이 기억난다. 아빠의 화보다 고함 소리보다, 남동생은 더 거세게 소리를 치며 침대 위에 서서 더 크게 소리를 질렀다. 그러면 아빠도 더 높이 더 크게 소리를 치시며 매를 드시려 했다. 그렇게 상황이 이어지자 남동생은 급기야 침대 위로 올라가서 침대 매트리스를 팡팡 튕기며 더 크게 소리를 질렀다. TV 자연다큐 시작화면의 목도리도마뱀이 목도리를 펴서 몸통이 더 크게 보이려고 애쓰는 것마냥 보였던 때가 기억 속에 선명하다. 나는 그 광경이 지금도 두렵다. 분명히 그것은 수직관계에 익숙하고 그 관계에 깊이 취해서 소리만 지르고 기대치만 높았던, 그리고 가정에 충실하지 못했던 아빠에 대한 분명한 '반란'이었다.

그 반란을 막기에는 이미 너무 늦어버린 그 모습, 그 후의 계속되던 반란에 가족들은 해체되어 갔다. 어느 누구도 우위에 설 수 없고 얻는 것이 없는 가족 간의 반란은 깊은 슬픔이다. 어느 순간 아버지는 병들었고, 아빠의 기대치에 맞는 아들은 가질 수 없었다. 그리고 동생은 아버지가 병들었을 당시 자신의 행동을 깊이 후회했고 아버지 곁에 머물며, 밤을 새며 간호하고 가슴 아파했지만 아빠는 이내 세상을 떠나셨다. 그러니 누구도 이긴 사람이 없었다.

자식의 반란은 시작되면 막을 수가 없다. 그러니 반란이 생기기 전에 그 반란 자체가 없는 양육이 중요한다. 어느 한 쪽이 눌려서 지내는 경우는 반드시, 정말 반드시 반란이 일어난다.

그러니 수평의 관계는 자식과의 관계에서 가장 중요하다고 말하고 싶다. 앞서 말했듯이 친구는 다시 사귀면 되고, 직장은 다시 구하면 된다. 그런데 내가 낳아서 십 수 년을 키운 내 자식은 다르다. 다시 낳아도 그 아이가 아니고, 다시 낳아서 다른 아이가 생겨도 그 아이를 잊고 살 수는 없다. 세상 누구보다도 행복하길 바라는 눈에 넣어도 안 아플 존재의 삶이 달려있다. 그러니 존중하고 이해하고 사랑을 아낌없이 주어야 한다. 사랑하기 때문에 소리 질러도 그 아이는 그렇게 느끼지 않는다. 그러니 그 아이의 삶이 눌려있다고 느끼게 하지 않아야 한다.

나만 나의 세상이 있다고 생각하지 말자. 내 아이가 태어난 그 순간 그 아이의 시야에 보이는 세상도, 그 좁은 천장뿐인 세상도 그 아이에게는 전부이고 존중받아야 하는 세상이다. 물론 아이들이 보는 것이 전부가 아닌 것을 알려줘야 한다. 내가 말하고자 하는 것은 의견을 강요하지 말고 제시하라는 것이다. 그리고 기다려주어라. 그리고 그 아이의 시각을 믿어주면 아이는 반란 없이 우리 곁에 머물며 성장해 준다. 아이의 무탈함과 건강만큼 더 중요한 것이 없다는 말뿐인 부모가 아니라, 진정 그것만으로 감사하고 존중해 가는 양육 속에 아이는 부모에 대한 반란 없이 행복하게 성장할 수 있다.

내가 대통령이여도 반란이 일어나면, 대통령직을 내놓고 감옥에 들어가면 된다. 하지만 내 아이의 아픈 반란으로 내 아이의 삶은 '감옥'이라는 창살보다 더 무서운 자책과 세상에 대한 분노라는 창살에 갇혀 죽는 순간까지 꺼내어 줄 수 없을지도 모른다.

12

이혼 가정의 아이들에게 무엇보다 필요한 것

결론부터 말하자면, 이혼 가정에서 가장 필요한 부분은 부부가 서로를 더 이상 미워하지 않는 것이다. 참 우습지 않은가? 너는 내가 지긋지긋하고 나는 네가 지긋지긋해서 너무너무 싫어서하는 것이 이혼인 것을, 그런데도 부부가 서로를 더 이상 미워하지 않는 것이 가장 중요하다니 말이다. 그런데 이것은 백퍼센트 진실이다. 내게는 전 남편인 그 원수는 내 아이의 아빠이다. 그리고 전 아내인 그녀는 내 아이의 엄마인 것이다. 그것은 천륜이라는 단어로 쓰이는 하늘이 맺어준 인연으로 사람이 끊을 수 없는 것이다. 그 몸속에서 나왔으니 그 몸의 일부분이기까지 한 아이들은 대부분 엄마와 아빠를 사랑한다.

그 가운데서 아이들은 혼란스럽다. 엄마를 힘들게 한 사람을 더 이상 아빠로 생각해도 되는지가 힘겹고, 엄마가 그토록 싫어하는 그 사람을 사랑하고 있는 자신을 부인하고 싶다. 그 힘겨운 양가감정이 아이들을 망친다. 바르게 크고 엄마를 실망시키지 않게 자라려고 노력하는 가운데서도 내적 갈등을 일으키며, 아빠에 대한 생각이 들 때 죄책감을 느끼고 힘겨워하며 자라난다. 겉으로 말썽 없이 자라주어 고맙다 싶어만 할 일이 아니다. 계속해서 엄마인 본인이 남편을 미워한다면 아이는 끝없이 발산되는 부정에 대한 반감과 아빠를 사랑하는 마음에 죄책감을 느끼면서 우울함에 빠져들고 그 힘겨움으로 밖으로 돌게 되거나 내적으로 병들어 간다. 그러니 이혼한 가정에서 가장 중요한 것은 지난 시간을 잊고 이제는 더 이상 서로를 미워하지 않는 것이다.

아이에게 절대 아빠 또는 엄마의 욕을 해서는 안 된다. 법륜스님 말씀처럼 그 나쁜놈하고 말하면 내 자식이 나쁜놈의 자식이니, 나쁜놈이 되는 것이고, 죽일놈 하면 죽일놈의 자식이니 죽일놈이 되고 만다. 그 이야기를 듣는 아이들은 결코 기쁘지도 않고 결국 엄마를 통해 분노와 미움을 배우는데 그 대상이 하필 나를 낳아준 아빠라는 사실에 어찌할 바를 모르게 된다. 그러니 얼마나 큰 비극일지 더 설명하지 않아도 이해될 것이다.

나는 큰 아이에게 작은 아이 흉조차 보지 않는다. 작은 아이에게 큰 아이 허물을 말하지 않는다. 둘 사이 그런 이야기를 양쪽에서 내게 해오면, 그저 작은 공감을 해주며 "네 입장에서 그럴 수 있겠다." 정도로 마무리 한다. 그리고 큰 아이의 입장은 이런 것 같다고 설명하거나 작은 아이 심정은 이러한 것 같다고 양쪽에 이해를 구하는 것으로 끝이 난다. 그러니 두 아이의 사이는 매우 좋다. 작은 아이의 누나를 향한 사랑은 더 끝이 없다. 형제자매 간의 우애는 부모가 만들어 주는 것이다. 그것이 더 많은 것을 사주고 많은 사교육을 시켜서 좋은 대학에 보내는 것보다 더 큰 사랑임을 알아야 한다. 결국 우린 떠나고 아이들은 남는다. 남은 형제자매들 간의 깊은 우애는 살아가는 데 큰 빌딩을 물려주는 것보다 더한 안정감을 줄 것이라고 감히 장담한다.

형제들 간의 우애를 남겨주는 것만큼이나 아빠나 엄마를 떠올릴 때 긍정적인 기억을 가지는 것은 매우 중요하다. 살아가면서 우리는 종종 엄마나 아빠에 대한 질문을 받고는 한다. 그 순간 우리는 일일이 설명할 필요는 없지만, 그 순간 부모에 대한 감정이 스쳐가는 것을 느낄 것이다. 우리 나이가 되면 부모님은 아직 생존해 계시냐는 질문을 받고는 하는데 그 순간 엄마는 살아계시고, 아빠는 10여 년 전 돌아가셨다는 대답을 하면서도 나는 엄마에 대한 애처로운 감정과 아빠에 대한 아쉬운 감정이 마음 깊은 곳에서 솟구치는 것을 느낀다. 그렇게 우리 안에는 늘 아빠와 엄마를 향한 사랑이나 미움이 존재하는 것이다.

지금 내 나이에도 엄마와 아빠를 대하는 감정에 흔들림이 생기는데 자라나는 아이들은 어떠하겠는가? 계속해서 남편을 미워하거나 아내를 미워하면서 아이들에게 그 감정을 풀어낸다면 아이들은 조금씩 정신이 병들 수밖에 없다는 것을 잊지 않았으면 좋겠다.

나는 아이들은 우리들의 미래임을 믿는다. 그 빛나는 미래들에게 세상을 살아 볼만한 것이라고 느끼게 하고, 너의 아빠가 나와는 맞지 않아 헤어졌지만, 너희들을 사랑하는 분임은 분명하다고 말해준다면 그 아이들은 자신들이 가진 아빠를 향한 미움에서 벗어날 뿐 아니라, 세상을 대하는 마음 자체가 미움보다는 사랑이 더 충만함을 믿고 자라날 것이다. 그러니 이혼을 하고 모든 것이 정리된 지금이라면, 아니 서류상 이혼이 되지 않고 별거를 하고 있다면 또는 그저 형식적인 부부생활을 유지하고 있다고 해도 아이들에게 가장 소중한 두 존재인 엄마와 아빠를 나쁜 사람으로 표현하지 말자. 서로를 향한 미움이 아이들을 통해 세상을 향한 미움으로 커지지 않기를 희망한다. 이것이 이혼한 가정에서 가장 중요한 육아의 지침임을 다시 한 번 강조하고 싶다.

에필로그(글을 마치며..)

이혼의 위기에서 내 책의 제목이 눈에 띄어 읽어보신 분들이 있다면, 나는 이혼을 결정한 것인지, 아닌지 묻고 싶지 않다. 그냥 잘 사는 법에 조금이나마 도움이 되었냐고 묻고 싶다. 이혼을 결정하는 것에 도움이 되었냐는 것이 아니라, 어떤 선택에도 잘 살 준비가 되었냐고 묻고 싶은 것이다.

나는 그 한 가지 목적을 위해 이 책을 썼기 때문이다. 우리가 이혼을 했든지, 안 했든지 간에 또는 누군가 나를 사랑하든지, 아니든지 간에 우리는 행복할 수 있다. 물론 완전할 수는 없다. 어떤 남자와 결혼을 했든, 어떤 여자와 함께 살고 있든 우리에게 결핍은 늘 존재한다. 바꾸어 말하면 이혼을 했든, 하지 않고 살아가든 간에 결핍은 어디에나 존재한다는 것이다. 그러니 인생은 그 상황을 마주하는 우리들의 태도에서 결정된다. 우리의 태도를 결정함으로써 우리의 삶이 결정된다고 해도 과언이 아니라고 감히 말하고 싶다.

혼자여도 괜찮다. 내가 나를 사랑해 주면 그뿐, 혼자여도 괜찮을 뿐 아니라, 내가 나를 진정으로 사랑할 때 인생은 비로소 풍요로워진다. 그러니 이혼을 잘하거나, 안 하고 잘살기를 선택하거나 마찬가지이다. 내 삶은 내가 결정하고 책임지는 인생이고 나 하나로 족하다는 사실을 명확히 인지한다면 그 무엇도 두렵지 않을 것이라고 감히 장담한다.

인생은 내가 나를 사랑해주는 것만으로, 또는 '나' 하나만으로도 충분하다는 것을 잊지 않으시길 바라며, 여러분의 삶을 힘껏 응원하고 감사를 드리는 마음으로 이 책을 마친다.

이혼 지침서

1판 인쇄 2019년 2월 20일
1판 발행 2019년 2월 28일

지은이 한재원
펴낸이 홍정수
펴낸곳 탐구당

마케팅 최직호
제작 이한장
본문디자인 조정자

출판등록 1950. 11. 1 서울 제 03-00993호
04382 서울특별시 용산구 한강대로 62 나길 6
전화 (02)3785 - 2211~2 | 팩스 (02)3785 - 2272
E-mail : tamgudang@paran.com | http://www.tamgudang.co.kr

ISBN 978-89-6499-041-4

값 14,000원

출판예정도서목록(CIP)은 서지정보유통지원시스템 홈페이지(http://seoji.nl.go.kr)와
국가자료종합목록시스템(http://www.nl.go.kr/kolisnet)에서 이용하실 수 있습니다.
(CIP제어번호 : CIP2019003316)